U0530854

| 理解中国道路丛书 |

总主编 赵剑英

中国的全过程人民民主

林建华 等著

中国社会科学出版社

图书在版编目(CIP)数据

中国的全过程人民民主 / 林建华等著 . —北京：中国社会科学出版社，2022.8

(理解中国道路丛书)

ISBN 978-7-5203-9861-9

Ⅰ.①中… Ⅱ.①林… Ⅲ.①社会主义民主—研究—中国 Ⅳ.①D616

中国版本图书馆 CIP 数据核字(2022)第 042499 号

出 版 人	赵剑英
项目统筹	王 茵 张 潜
责任编辑	王 琪
责任校对	赵雪姣
责任印制	王 超

出　　版	中国社会科学出版社
社　　址	北京鼓楼西大街甲 158 号
邮　　编	100720
网　　址	http://www.csspw.cn
发 行 部	010-84083685
门 市 部	010-84029450
经　　销	新华书店及其他书店

印刷装订	北京君升印刷有限公司
版　　次	2022 年 8 月第 1 版
印　　次	2022 年 8 月第 1 次印刷

开　　本	650×960　1/16
印　　张	9.75
字　　数	91 千字
定　　价	48.00 元

凡购买中国社会科学出版社图书，如有质量问题请与本社营销中心联系调换
电话:010-84083683

版权所有　侵权必究

总　　序

　　当今世界进入新的动荡变革期，百年变局和世纪疫情叠加，逆全球化趋势加剧，单边主义愈演愈烈，全球经济复苏脆弱乏力，世界之变、时代之变、历史之变的特征愈加明显。一些西方国家反华势力刻意歪曲事实，"污名化""妖魔化"中国道路，试图抹黑中国、孤立中国、遏制中国，但以习近平同志为核心的党中央团结带领全党全国各族人民，采取一系列战略性举措，推进一系列变革性实践，实现一系列突破性进展，取得一系列标志性成果。党和国家事业取得历史性成就、发生历史性变革，成功推进和拓展了中国式现代化，创造了人类文明新形态。西方敌对势力的遏制、打压，阻碍不了新时代中国特色社会主义的健康发展，中国特色社会主义道路越走越宽广，中国制度日益显示出独特优势和强大生命力，中国特色社会主义道路的世界意义、示范意义进一步彰显。

中国从落后弱小、饱受欺凌到站起来、富起来、强起来，一步步达到今天的历史成就，中华民族的发展道路堪称苦难辉煌。然而迄今为止，只有我们中国人自己方能知晓近代以来中华民族振兴过程中筚路蓝缕、以启山林的艰辛，以及今日以更加进取、自信、成熟的姿态大步走向世界舞台中央的不易。不能忽视的是，从中国到世界，从世界到中国，依然有着不小的物理和心理距离。至少，世界对中国成就和道路的认知，尚笼罩在碎片化的"晕轮效应"之中；在解读中国道路、中国成就、中国奇迹的众多声音中，我们自己的声音往往成为被淹没的那一个；大量充满偏见、谬见乃至敌意的观念大行其道。在日趋复杂的历史潮流中，为世界人民阐释中国道路对于开创人类文明形态的原创性贡献，讲好中国道路的故事，乃当今中国学者应当承担的重要使命。

为此，中国社会科学出版社组织国内一流专家学者编写了"理解中国道路"丛书，该丛书包含中文、英文双语版本，图文并茂，力求化学术话语为大众话语，从全过程人民民主、共同富裕、对外开放、文明之路、生态建设、人权发展、大国外交等方面，向海内外读者系统展现中国道路的基本面貌、历史逻辑、辉煌成就。丛书有助于增进海外读者特别是西方人士对当代中国的了解，让世界民众认识到，西方现代化模式并非人类历史进化的唯一途径，中国式现代化道路创造了人类文明新形态。

2022 年 8 月

目 录

绪论　全过程人民民主是"中国之治"的
　　　新时代密钥 …………………………………（1）

一　全过程人民民主的百年发展 …………………（8）
　　（一）奠定人民民主政治前提 ………………（9）
　　（二）建立人民当家作主制度体系 …………（16）
　　（三）丰富人民民主实现形式 ………………（24）
　　（四）发展全过程人民民主 …………………（28）

二　全过程人民民主的制度程序和参与实践 ………（39）
　　（一）全过程人民民主的制度体系 …………（40）
　　（二）全过程人民民主的基本程序 …………（47）
　　（三）全过程人民民主的参与实践 …………（52）

三 全过程人民民主的实现路径 …………… (61)
（一）中国共产党领导人民实现全过程人民民主 ……………………………………… (61)
（二）全面依法治国保障全过程人民民主有序实现 …………………………… (66)
（三）"人民至上"理念贯穿人民当家作主全部实践 ………………………………… (72)
（四）全过程人民民主广泛真实有效的中国密码 ……………………………………… (83)

四 全过程人民民主的显著优势 …………… (87)
（一）保证人民当家作主 ……………………… (87)
（二）有效激发创造活力 ……………………… (92)
（三）有效汇聚智慧共识 ……………………… (95)
（四）有效巩固安定团结 ……………………… (98)
（五）有效凝聚社会合力 ……………………… (101)
（六）有效提升治理效能 ……………………… (104)

五 全过程人民民主塑造中国美好未来 …… (108)
（一）创造更美好生活 ………………………… (108)
（二）续写"两大奇迹"新篇章 ……………… (117)

（三）建设现代化强国 …………………………（123）

六 全过程人民民主丰富人类政治文明 ……………（130）
 （一）全过程人民民主是人类政治文明
   新形态 ……………………………………（131）
 （二）全过程人民民主为人类政治文明作出
   创造性贡献 ……………………………（133）
 （三）全过程人民民主体现了全人类共同
   价值 ……………………………………（141）

后　记 …………………………………………………（144）

绪论　全过程人民民主是"中国之治"的新时代密钥

民主是人类不懈追求的政治理想，其本意是人民的权力、权威或人民进行治理、统治。究其渊源，公元前443年，古希腊历史学家希罗多德在其撰写的《历史》（又名《希腊波斯战争史》）一书中首次使用了"民主"这一概念，用来诠释与专制相对立的希腊城邦国家雅典的政治制度和政治实践。但是，由于受到政治、经济、文化等因素的制约，在此后的2000多年里，民主一直沉湮于世，并没有得到发育和流播。

直到19世纪，由于市场经济的发展、社会等级观念的淡化以及公民选举权的扩大，民主才在欧美一些国家最终实现了从观念向制度、从理论向实践的转化。这样的民主，就是资产阶级民主。在人类政治文明史上，资产阶级民主代替封建专制是一个巨大进步。但是，在实践中，这样的民主是建立在不平等的经济关系基础上的，其基本的运行逻辑是不同利益集团之间的博弈，弱势群体和边缘群体的政治社会权利很难得到保障，这是由于它在本质上代表的是资产阶级的利益，并因而成为资本拥有者等极少数人的专利。

100多年前，"德先生"即"Democracy"从西方进入中国，民主、民主政治的理念逐渐落地扎根、深入人心。100多年后，全过程人民民主成为中国特色社会主义民主政治区别于西方国家资产阶级民主的突出特征和显著优势。

2019年11月2日，在上海市考察时，中共中央总书记、国家主席、中央军委主席习近平指出，我们走的是一条中国特色社会主义政治发展道路，人民民主是一种全过程的民主。2021年3月通过的《中华人民共和国全国人民代表大会组织法（修正草案）》与《中华人民共和国全国人民代表大会议事规则（修正草案）》，明确写入"坚持全过程民主"。2021年7月1日，在庆祝中国共产党成立100周年大会上的讲话中，习近平指出，我们必须紧紧依靠人民创造历史，践行以人民为中心的发展思想，发展全过程人民民主。从"全过程民主"到"全过程人民民主"，添加了"人民"二字，准确地表达了中国民主的内涵与实质。这是因为中国共产党根基在人民、血脉在人民、力量在人民。这源于执政的中国共产党是中国工人阶级的先锋队，同时是中国人民和中华民族的先锋队。中国共产党的根本政治立场是人民立场，根本政治使命是为人民谋幸福，根本政治宗旨是全心全意为人民服务，根本政治目标是满足人民对美好生活的向往。自1921年成立至今100多年来，中国共产党始终代表最广大人民根本利益，与人民休戚与共、生死相依，没有任何自己特殊的利益，从来不代表任何利益集团、任何权势团体、任何特权阶层的利益。

2021年2月26日，"上海市长宁区虹桥街道中国特色社会主义全过程民主基层实践基地"在虹桥街道古北市民中心成立。

"名非天造，必从其实。"考察其理论逻辑、制度逻辑和实践逻辑，可以发现，全过程人民民主，意涵丰富，意义重大。

第一，全过程人民民主是全过程人民"民主"。

民主是什么呢？170多年前，马克思、恩格斯在《新莱茵报》上发表评论指出："它必须具备一定的意义，否则它就不能存在。因此全部问题就在于确定民主的真正意义。如果这一点我们做到了，我们就能对付民主，否则我们就会失败。"这就意味着，在不同历史阶段，对不同阶级来说，民主有着不一样的实际含义。马克思、恩格斯曾深刻批判资本主义民主的虚伪性和局限性，认为未来社会的政治制度必须是人民自己的作品，必须建立在人民主体地位之上。

第二，全过程人民民主是全过程"人民"民主。

什么是人民呢？其一，人民不仅是社会物质财富的创造者，而且是社会精神财富的创造者，但其主体始终是从事物质资料生产的广大劳动群众。其二，人民不仅改造客观世界，而且改造主观世界，是对人类社会发展起推动作用的大多数人。在阶级社会中，它包括一切推动历史前进的阶级、阶层和集团。列宁认为："马克思在使用'人民'一语时，并没有用它来抹杀各个阶级之间的差别，而是用它来概括那些能够把革命进行到底的一定的成分。"其三，人民是一个集合概念，是指众多人的集合体，而不是指单个人的个体。

全过程人民民主，坚持以人民为中心，坚持人民至上，把全体人民都纳入进来。它的具体要求是，其一，"一切为了人民"，始终把实现最广大人民根本利益作为民主政治建设的出发点和落脚点。其二，"一切依靠人民"，是全体人民都能参与的一种民主形态。习近平总书记强调，有事好商量，众人的事情由众人商量，找到全社会意愿和要求的最大公约数，是人民民主的真谛。

第三，全过程人民民主是"全过程"人民民主。

其一，全过程人民民主，具体体现在中国共产党治国理政全部实践活动之中，内蕴于政治、经济、社会、文化、生态等诸多领域；通过一系列法律和制度安排，贯通民主选举、民主协商、民主决策、民主管理、民主监督等各个环节，是全链条、全方位、全覆盖的民主。

其二，全过程人民民主，以全过程的程序和形式，保证人民意愿的代表性、广泛性和真实性，体现人民利益的全局性、长远性和根本性。过程性是民主的内在要求。第二次世界大战后，西方民主的一个突出问题，就是窄化了民主的过程，将民主单纯理解为"竞争性选举"，结果造就了大量的空壳民主。

其三，全过程人民民主，是过程民主和成果民主、程序民主和实质民主、直接民主和间接民主、人民民主和国家意志的有机统一，具有鲜明的中国特色、中国风格、中国智慧。

其四，全过程人民民主，深化了对中国社会主义民主政治发展规律的认识，走出了一条符合中国国情的中国特色社会主义民主政治发展道路，是最广泛、最真实、最管用的民主，代表着人类政治文明的发展方向。

中国共产党人既是认识论者，也是实践论者，是认识论者与实践论者的有机统一论者。实践充分证明，全过程人民民主这种中国式民主在中国行得通、很管用。我们常常讲"中国之治"，其实，从根本上讲就是"制度之治"，就是民主的"制度之治"。这种制度包括人民代表大会制度这一根本政治制度以及中国共产党领导的多党合作和政治协商制度、民族区域自治制度、基层群众自治制度等基本政治制度。"中国之制"带来"中国之治"，彰显了"中国之智"。

我们撰写这本小册子，旨在使人们更多了解、正确理解中国的全过程人民民主。早在1300多年前，中国唐朝诗人王勃就在诗中写道："海内存知己，天涯若比邻。"由于通信、交通的发达，由于人员、经贸交往的频繁，我们身处的这个地球变得越来越小，今天完全可以把王勃的诗改写为："海内存知己，天涯是比邻。"100多年来，中国共产党既为中国人民谋幸福、为中华民族谋复兴，也为人类谋进步、为世界谋大同。在21世纪的新时代，站在和平、发展、公平、正义、民主、自由的全人类共同价值的制高点上，推动构建人类命运共同体，推进人类政治文明新发展，创造人类文明新形态，胸怀天下的中国共产党人必将为人类作出新的更大贡献！

一 全过程人民民主的百年发展

实现人民当家作主是中国共产党人的重要使命。习近平总书记指出，中国共产党自成立之日起就致力于建设人民当家作主的新社会，提出了关于未来国家制度的主张，并领导人民为之进行斗争。100多年来，中国共产党团结带领中国人民不懈奋斗，在一个有着几千年封建社会历史、近代又成为半殖民地半封建社会的国家实现了人民当家作主，推进社会主义民主的不断发展。中国人民真正成为国家、社会和自己命运的主人，创造了人类民主政治的中国形态。中国共产党探索全过程人民民主的历程，大致可以分为四个时期：1921年到1949年的新民主主义革命时期，奠定了人民民主政治前提；1949年到1978年的社会主义革命和建设时期，建立了人民当家作主制度体系；1978年到2012年的改革开放和社会主义现代化建设新时期，丰富了人民民主实现形式；2012年开始进入中国特色社会主义新时代，这10年来积极发展全过程人民民主。

（一）奠定人民民主政治前提

现代政治表明，民主与政党紧密相连。当今世界，政党在大多数国家的政治舞台上都是最基本、最重要的力量，是国家与社会之间政治性和组织性的联系机制，在民主政治中扮演着不可或缺的角色，发挥着重要作用。没有政党，政治过程就缺失了关键组织者，民主政治就成为不可想象之事。全过程人民民主，来自人类社会深厚的民主基因，来自中华民族悠久的民主传统，来自中国共产党百余年来对民主认知的不断深化、科学合理的民主制度安排、丰富生动的民主实践。

在中华文明5000多年的历史发展中，逐步形成了重民、贵民、安民、恤民、爱民等民本思想，其中蕴含着宝贵的民主因素。但是，在2000多年的封建专制统治之下，中国广大劳动人民始终处于受压迫、受剥削的社会最底层，根本谈不上有多少权利。1840年鸦片战争之后，近代中国逐步沦为半殖民地半封建社会，人民更是毫无民主可言。

1911年辛亥革命之后，中国曾模仿议会制、多党制、总统制等西方政治制度模式，以期建立民主之治，结果都以失败告终，这表明西方民主不服中国的水土。

以德先生（即"民主"）和赛先生（即"科学"）为基本口号的新文化运动的兴起，1917年俄国十月革命的胜利，1919年中国五四运动的爆发，以及马克思主义在中国的传播，促进了中国人民的伟大觉醒，中国先进分子对民主有了新的思考和新的认知。1921年，中国共产党一经成立，就致力于争取民族独立、国家富强、人民幸福，就以实现人民当家作主为旨归，从而点亮了中国新的民主之光，并在不同历史时期，完成了它所面临的民主发展任务。

在整个新民主主义革命时期，中国共产党面临的主要任务是：反对帝国主义、封建主义、官僚资本主义，争取民族独立、人民解放，为实现中华民族伟大复兴创造根本社会条件。为此，中国共产党一方面领导中国人民进行革命斗争，另一方面在革命斗争过程中探索人民民主的多种实践形式。

中国共产党建立初期。1921年党的一大提出，依靠工人、农民进行社会革命，由劳动阶级重建国家。1922年党的二大提出，统一中国为真正的民主共和国，建立劳农专政的政治。

土地革命战争时期。1931年中华苏维埃[①]第一次全国代

[①] 俄语"苏维埃"一词的音译，意即"代表会议"或"委员会"，是指俄国无产阶级于1905年革命时期创造的领导群众进行革命斗争的组织形式，同时也是一种工人和农民的民主形式，其代表可以随时选举并随时更换。

表大会通过的《中华苏维埃共和国宪法大纲》规定，中华苏维埃政权所建设的是工人和农民的民主专政的国家；苏维埃全政权是属于工人、农民、红军兵士及一切劳苦民众的。中华苏维埃共和国是中国历史上第一个全国性的工农民主政权。从1931年11月到1934年1月，中央革命根据地进行过三次民主选举，许多地方实际参加选举的人占选民总人数的80%以上。其他根据地也相继召开了各级工农兵代表大会，选举产生了各级苏维埃政府。

中华苏维埃第二次全国代表大会
正式代表证封面（1934年1月）

在中华苏维埃共和国时期，中国共产党第一次把民主思想和民主实践引入几千年封建专制统治下的农村，大大推动了这些地区工农民主意识的觉醒和民主素养的提高，从而成为人民民主的有益尝试。

抗日战争时期。中国共产党在抗日根据地建立了"三三制"（即共产党员、党外进步人士和中间党派的成员在政权中各占三分之一的比例,"三三制"是中国共产党在各抗日根据地政权建设中实行的重要原则)的具有统一战线性质的民主政权,并把陕甘宁边区政府建设成为"民主的模范政府"。

1941年5月1日,中共陕甘宁边区中央局颁布了经中共中央政治局批准的《陕甘宁边区施政纲领》,其中规定了"三三制"的原则,其基本内容是:"本党愿与各党派及一切群众团体进行选举联盟,并在候选名单中确定共产党员只占三分之一,以便各党各派及无党派人士均能参加边区民意机关之活动与边区行政之管理。在共产党员被选为某一行政机关之主管人员时,应保证该机关之职员有三分之二为党外人士充任。共产党员应与这些党外人士实行民主合作,不得一意孤行,把持包办。"1945年5月,中国共产党创始人之一、中共一大代表董必武在出席联合国会议期间,受邀参加华侨组织的演讲会,作了《中国共产党的基本政策》的长篇演讲,其中对这一民主措施评价道:"这个制度的目的是什么呢?就是反对一党包办,反对一党专政。而和各党派、无党派的各阶级人士,更好地团结合作。中国共产党是主张民主政治,反对一党专政的。"在1941年选出的陕甘宁边区政府的18名委员中,一开始中共党员有7人,超过了"三三制"规定的比例。于是,德高望重的老共产党员、毛泽东的老师徐特立便马上申请退出政府。随后，按得票多少，改由一名非党人士递补。

"三三制"的成功实践，推动了中国的民主实践，不仅保证了中国抗日战争的胜利，还为后来中国共产党领导的多党合作和政治协商制度的形成积累了重要经验。

在抗日战争时期，中国共产党提出"民主政治，选举第一"的口号，先后发布了《晋察冀边区目前施政纲领》《晋冀鲁豫边区政府施政纲领》《陕甘宁边区施政纲领》等文件，并探索出实践民主的多种形式。当时民主选举的主要特点是：其一，普选，年满18岁的人都有选举权与被选举权；其二，竞选，实行差额选举；其三，创新投票方法，如投豆法、画圈法、举胳膊等。《新华日报》发表文章说："只要有实行民主的决心，人民的文化水平低与不识字都不会变成不可克服的障碍。"其中，"投豆法"，就是在每个候选人背后放一个碗，用豆子当选票，人们支持谁，就把豆子放入谁的碗里。在陕甘宁边区，有一首很流行的"豆选"诗："金豆豆，银豆豆，豆豆不能随便投。选好人，办好事，投在好人碗里头。"在晋察冀抗日根据地，也流传着一首"豆选"歌："黄豆豆，豆豆圆，咱村选举村议员。老奶奶，脚儿踮，拄着拐杖也来选；心里想，又盘算，到底哪个人才沾？俺要选，袁老泮，一颗黄豆搁在碗，老奶奶，笑满脸！俺活七十头一遍。"这种民主，是中国历史上前所未有的民主，是高度民主与高度集中的统一体。1944年，中共

大地的主人——豆选（油画作品）

中央政治局主席、中央书记处主席毛泽东指出："民主必须是各方面的，是政治上的、军事上的、经济上的、文化上的、党务上的……一切这些，都需要民主。毫无疑问，无论什么都需要统一，都必须统一。但是，这个统一，应该建筑在民主基础上。"

解放战争时期。1948年9月，毛泽东在谈到即将建立的新中国的国家性质时说："我们是人民民主专政，各级政府都要加上'人民'二字，各种政权机关都要加上'人民'二字，如法院叫人民法院，军队叫人民解放军，以示和蒋介石政权不同。"1949年6月30日，毛泽东在《论人民民主专政》中再次指出："人民的国家是保护人民的。有了人民的国家，人民才有可能在全国范围内和全体规模上，用民主的方法，教育自己和改造自己，使自己脱离内外反动派的影响……向着社会主义和共产主义社会前进。"1949年11月20—22日，北京市第二届各界人民代表会议召开，有一位年逾80岁的代表说："我们老百姓能够选出政府来，替我们自己办事，这是我们中国老百姓100多年来就奋斗牺牲流血所要争取的目标，这个目标在辛亥革命没有达到，在北伐战争没有达到，在抗日战争也没有达到，现在达到了！"

1949年9月29日，中国人民政治协商会议第一届全体会议制定并通过的《中国人民政治协商会议共同纲领》（以下简称《共同纲领》）指出："中华人民共和国的国家政权属于人民。人民行使国家政权的机关为各级人民代表大会和各级人民政府。各级人民代表大会由人民用普选方法产生之。"《共同纲领》确定的重要政治制度，是把民主的愿望变为现实的根本途径。

在整个新民主主义革命时期，中国共产党领导人民为争取民主、反抗压迫和剥削进行了艰苦卓绝的斗争，取得了新民主主义革命胜利，成立了新中国，实现了中国从几千年封建专制政治向人民民主的伟大飞跃，人民当家作主从梦想变为现实。中国人民从此站起来了，中国民主发展进入新纪元，为形成全过程人民民主奠定了根本性前提和基础。

中国人民政治协商会议第一届全体会议召开（1949年9月，中南海怀仁堂）

（二）建立人民当家作主制度体系

新中国成立后，中国共产党领导人民建立了完整的制度体系：社会主义制度，人民民主专政的国体①，人民代表大会制度的政体②，中国共产党领导的多党合作和政治协商制度，民族区域自治制度等。这些制度，全面、广泛、有机衔接，构建了多样、畅通、有序的民主渠道，为人民当

---

① 国体，即国家性质，是指社会各阶级在国家中的地位。具体地说，就是国家政权掌握在哪一个阶级手中，哪个阶级是统治阶级，哪个阶级是被统治阶级。统治阶级的阶级性质决定着国家性质。

② 政体，即国家政权的组织形式，亦即统治阶级采取何种形式来组织自己的政权机关。

家作主提供了制度保证。1950年11月，中国著名画家徐悲鸿在写给国外朋友的信中说："弟素不喜政治，惟觉此时之政治，事事为人民着想，与以前及各民主国不同。一切问题尽量协商，至人人同意为止。故开会时决无争执，营私舞弊之事绝迹。弟想今后五年必能使中国改观，入富强康乐之途。"

建立社会主义制度。1953年，中国共产党正式提出过渡时期的总路线，即在一个相当长的时期内，逐步实现国家的社会主义工业化，并逐步实现国家对农业、手工业和资本主义工商业的社会主义改造。1956年，中国基本上完成对生产资料私有制的社会主义改造，基本上实现生产资料公有制和按劳分配，建立起社会主义经济制度，标志着中国进入社会主义社会。社会主义是以公有制为经济基础的社会制度，是从根本上消灭了中国历史上少数人剥削大多数人的社会制度。社会主义制度的建立，为实现人民当家作主提供了最根本和最先进的制度保证。

建立人民民主专政的国体。1949年新中国的成立，建立了工人阶级领导的、以工农联盟为基础的人民民主专政。

宪法是国家的根本大法。前面提到的《共同纲领》起到了临时宪法的作用。1954年制定新中国宪法的过程，充分反映了民主和民意。毛泽东指出："这个宪法草案所以得人心，是什么理由呢？我看理由之一，就是起草宪法采取了领导机关的意见和广大群众的意见相结合的方法。这个宪法草案，结合了少数领导者的意见和八千多人的意见，公布以后，还要由全国人民讨论，使中央的意见和全国人民的意见相结合。""人民民主的原则贯串在我们整个宪法中。"9月20日，第一届全国人民代表大会第一次会议通过的《中华人民共和国宪法》是新中国第一部宪法，它以根本大法的形式明确规定了新中国的国体即国家性质："中华人民共和国是工人阶级领导的、以工农联盟为基础的人民民主国家。"

坚持人民民主专政，就是坚持民主与专政的有机统一。一方面坚持民主，坚持国家的一切权力属于人民，保证人民依照宪法和法律规定，通过各种途径和形式，管理国家事务，管理经济和文化事业，管理社会事务。另一方面坚持"专政"，充分履行国家政权的专政职能，依法打击破坏社会主义制度、颠覆国家政权、危害国家安全和公共安全等各种犯罪行为，维护法律尊严和法律秩序，保护国家和人民利益。

建立人民代表大会制度的政体。人民代表大会制度是与中国的人民民主专政的国体相适应的政权组织形式。中华人民共和国宪法明确规定，人民行使国家权力的机关是全国人民代表大会和地方各级人民代表大会。

人民代表大会制度是中国的根本政治制度。全国人民

第一届全国人民代表大会第一次会议召开（1954年9月，中南海怀仁堂）

代表大会是中国最高国家权力机关。全国人民代表大会由各省、自治区、直辖市、特别行政区和人民军队选出的代表组成。各少数民族都应当有适当名额的代表。人大代表是人民利益的代言人。在第一届全国人民代表大会的1126名代表中，有妇女代表147人，占代表总数的12.0%。少数民族代表，除选举法规定的150人外，各省市还选出27人，共占代表总数的14.4%。共产党员代表668人，非共产党人士代表558人，分别占代表总数的54.5%和45.5%。有一名叫申纪兰的人大代表，她是山西省平顺县西沟村党总支副书记,从 1954 年当选第一届全国人大代表后,连续当选十三届全国人大代表。她在第一届全国人民代表大会上提出的"男女同工同酬"倡议,被写入了新中国的宪法。

2017年3月底,申纪兰从北京回来后去村民家传达"两会"精神。

人民代表大会制度保证了全国各族人民依法实行民主选举、民主协商、民主决策、民主管理、民主监督,享有宪法和法律规定的广泛的民主权利,促进了人民民主专政国家的巩固和发展。人民代表大会制度是中国人民当家作主的重要制度载体和根本实现途径,是中国人民对人类政治文明形态的伟大创造。

建立中国共产党领导的多党合作和政治协商制度。新中国成立后,中国共产党高度重视与各民主党派的合作。

1949年12月14日，毛泽东在与绥远军区负责人的谈话中指出，共产党要永远与非党人士合作，这样就不容易做坏事和发生官僚主义。中国永远是党与非党的联盟，长期合作。

在人民民主的共同旗帜下，中国共产党与各民主党派长期共存、互相监督、肝胆相照、荣辱与共，形成了中国共产党领导的多党合作和政治协商制度。中国共产党是执政党，八个民主党派〔即中国国民党革命委员会（民革）、中国民主促进会（民进）、中国农工民主党（农工党）、中国致公党（致公党）、中国民主建国会（民建）、九三学社、中国民主同盟（民盟）、台湾民主自治同盟（台盟）〕是接受中国共产党领导、同中国共产党亲密合作的参政党，是中国共产党的好参谋、好帮手、好同事。在中国，既没有反对党，也没有在野党。也就是说，中国既不是一党专政，也不是多党竞争、轮流执政，而是共产党领导、多党派合作，共产党执政、多党派参政。

1949年创设的中国人民政治协商会议是实行中国共产党领导的多党合作和政治协商制度的重要机构。

中国共产党领导的多党合作和政治协商制度是中国的一项基本政治制度。这一制度植根中国土壤，积极借鉴和吸收了人类政治文明优秀成果，是具有鲜明中国特色和显著优势的新型政党制度。

这一新型政党制度有以下特点和优点：其一，它真实、广泛、持久代表和实现最广大人民根本利益、全国各族各界根本利益，有效避免了旧式政党制度代表少数人、少数利益集团的弊端。其二，它把各个政党和无党派人士紧密团结起来、为着共同目标而奋斗，有效避免了一党缺乏监督或者多党轮流坐庄、恶性竞争的弊端。其三，它通过制度化、程序化、规范化的安排，集中各种意见和建议，推动决策科学化、民主化，有效避免了旧式政党制度囿于党派利益、阶级利益、区域和集团利益决策施政导致社会撕裂的弊端。

建立民族区域自治制度。中国宪法规定："中华人民共和国各民族一律平等。"中国是统一的多民族国家[①]，铸牢中华民族共同体意识，始终保持国家完整统一，实现各民族共同团结奋斗、共同繁荣发展，是中国共产党民族政策的方针宗旨。1949年9月29日通过的《中国人民政治协商会议共同纲领》明确规定：各少数民族聚居的地区，应实行民族的区域自治，按照民族聚居的人口多少和区域大小，分别建立各种民族自治机关。这就是说，民族区域自治制

[①] 中国56个民族包括汉族、蒙古族、回族、藏族、维吾尔族、苗族、彝族、壮族、布依族、朝鲜族、满族、侗族、瑶族、白族、土家族、哈尼族、哈萨克族、傣族、黎族、傈僳族、佤族、畲族、高山族、拉祜族、水族、东乡族、纳西族、景颇族、柯尔克孜族、土族、达斡尔族、仫佬族、羌族、布朗族、撒拉族、毛南族、仡佬族、锡伯族、阿昌族、普米族、塔吉克族、怒族、乌孜别克族、俄罗斯族、鄂温克族、德昂族、保安族、裕固族、京族、塔塔尔族、独龙族、鄂伦春族、赫哲族、门巴族、珞巴族、基诺族。

度，是在国家统一领导下，在各少数民族聚居的地方，实行区域自治，设立自治机关，行使自治权的制度。1949年10月23日，毛泽东曾在一份电报中指出，维吾尔族人口300余万，为新疆的主要民族，人民解放军只有和维吾尔族（以及其他各族）建立兄弟般的关系，才有可能建设人民民主的新疆。

中国实行民族区域自治制度，以领土完整、国家统一为前提和基础，体现了统一与自治的结合、民族因素与区域因素的结合，完全符合中国国情和实际。中国的民族区域自治，是在国家统一领导下的自治。各民族自治地方，都是中国不可分离的一部分。民族自治地方的自治机关都是中央政府领导下的一级地方政权，都必须服从中央统一领导。

实行民族区域自治，从制度和政策层面保障了包括少数民族人民在内的全国各族人民依法平等地享有政治经济、文化和社会等方面的权利，依法平等地履行义务。民族区域自治制度，极大地增强了各族人民当家作主的自豪感和责任感，极大地调动了各族人民共创中华民族美好未来、共享中华民族伟大荣光的积极性、主动性和创造性，促进各民族像石榴籽一样紧紧抱在一起，共同团结奋斗，共同繁荣发展。

在社会主义革命和建设时期，中国共产党通过一系列制度设计，建立和巩固了国家政权，构筑起中国的民主制度大厦。

（三）丰富人民民主实现形式

1978年中共十一届三中全会后，中国进入改革开放和社会主义现代化建设新时期。这一时期，中国共产党提出了没有民主就没有社会主义，没有民主就没有社会主义的现代化的科学论断，开辟了中国特色社会主义政治发展道路，推动了人民民主进入法治化、规范化、程序化阶段，孕育了全过程人民民主的萌芽。

第一，实现人民民主法治化。在指导发展人民民主的过程中，邓小平高度重视制度化和法律化的问题。他指出："为了保障人民民主，必须加强法制。必须使民主制度化、法律化，使这种制度和法律不因领导人的改变而改变，不因领导人的看法和注意力的改变而改变。"

1978年12月，中共十一届三中全会强调要充分发扬民主，提出要实现民主制度化、法律化的任务。

1979年7月，五届全国人大二次会议审议并通过《中华人民共和国地方各级人民代表大会和地方各级人民政府组织法》《中华人民共和国全国人民代表大会和地方各级人民代表大会选举法》等重要法律。

1982年，五届全国人大五次会议通过《中华人民共和国宪法》，以根本大法的形式规定今后要发展社会主义民主，健全社会主义法制，把中国建设成为高度文明、高度民主的社会主义国家。

1992年，党的十四大强调了"人民民主要制度化和法律化"的思想。

这一时期，全国人大还先后颁布了《中华人民共和国民族区域自治法》《中华人民共和国村民委员会组织法（试行）》《中华人民共和国城市居民委员会组织法》等保障人民民主权利的法律法规。

第二，开辟中国特色社会主义政治发展道路。1997年，党的十五大报告第一次明确把"依法治国、建设社会主义法治国家"作为治国的基本方略提出来，并在1999年的宪法修正案中固定下来。

2002年，党的十六大明确提出，发展社会主义民主政治，最根本的是要把坚持党的领导、人民当家作主和依法治国有机统一起来。这一提法，是20年来中国法治发展进程中一以贯之的指导方针。

2007年，党的十七大对中国特色社会主义政治发展道路进一步拓展，强调"人民民主是社会主义的生命"，提出扩大人民民主，保证人民当家作主；发展基层民主，保障人民享有更多更切实的民主权利；全面落实依法治国基本方略，加快建设社会主义法治国家；完善制约和监督机制，保证人民赋予的权力始终用来为人民谋利益。

第三，广泛发展基层民主。这一时期，中国基层群众自治制度，包括村民自治制度、居民自治制度、职工代表大会制度等，普遍建立。

2007年，党的十七大首次把基层群众自治制度纳入中国特色社会主义政治制度的基本范畴，作为发展社会主义民主政治的基础性工程。

人民群众在中国共产党基层组织的领导和支持下，依法直接行使民主权利，实现自我管理、自我服务、自我教育、自我监督，有效防止了人民形式上有权、实际上无权的现象。

在实践中，基层民主创新十分活跃。从城乡社区里的村（居）民议事会、村（居）民论坛、民主恳谈会、民主听证会到党代表、人大代表、政协委员联合进社区，从"小院议事厅"到"板凳民主"，从线下"圆桌会"到线上"议事群"，中国人民在丰富多彩的基层生活中，摸索、创造了一种又一种充满烟火气的民主形式。通过这些接地气、聚人气的民主实践，围绕涉及自身利益的实际问题，人民群众发表意见建议，进行广泛协商。这样做，利益得到协调，矛盾有效化解，促进了基层稳定和谐。

一　全过程人民民主的百年发展 | 27

农村村民议事会

社区居民代表会议民主议决会

职工代表大会

在改革开放和社会主义现代化建设新时期，中国共产党领导中国人民坚定不移推进社会主义民主政治建设，人民民主制度化、法治化呈现出新的局面。

（四）发展全过程人民民主

2012年11月，党的十八大召开，中国特色社会主义进入新时代。党的十九大之后，习近平总书记先后于2019年、2021年提出全过程民主、全过程人民民主的重大理念，并大力推进全过程人民民主的伟大实践。

提出全过程人民民主的理念，主要是基于以下考虑：立足中国发展新的历史方位，深刻把握中国社会主要矛盾发生的新变化，积极回应人民对民主的新要求、新期盼，深刻吸取古今中外治乱兴衰的历史周期率的经验教训，全面总结中国民主发展取得的显著成就，深化对中国民主政治发展规律的认识。这一重要理念的提出，标志着民主价值和民主追求在中国进一步转化为科学有效的制度安排和具体现实的民主实践。

全过程人民民主，是习近平总书记对马克思主义民主观、中华文明民主基因、中国共产党民主理论的继承和发展，是新时代中国共产党人的民主观。

第一，坚持中国特色社会主义政治发展道路。一个国家，走什么样的政治发展道路至关重要。以什么样的思路来谋划和推进中国社会主义民主政治建设，在国家政治生活中具有管根本、管全局、管长远的作用。古今中外，由于政治发展道路选择错误而导致社会动荡、国家分裂、人亡政息的例子比比皆是。中国是一个发展中大国，坚持正确的政治发展道路更是关系根本、关系全局的重大问题。

改革开放以来，中国共产党团结带领中国人民在发展社会主义民主政治方面取得了重大进展，成功开辟和坚持了中国特色社会主义政治发展道路，为实现最广泛的人民民主确立了正确方向。

中国特色社会主义政治发展道路，不是中国传统政治的"再版"，也不是西式民主的"翻版"，而是中国共产党人艰辛探索的"原版",是全过程人民民主,具有无可比拟的独特优势和鲜明特色,其关键是坚持党的领导、人民当家作主、依法治国的有机统一,以保证人民当家作主为根本,以增强党和国家活力、调动人民积极性为目标,扩大社会主义民主,发展社会主义政治文明。

坚持中国共产党的领导,是中国发展全过程人民民主的根本保证。在中国这样一个大国,真正把14亿多人民的意愿表达好、实现好并不容易,必须有坚强有力的统一领导,保证党领导人民有效治理国家,保证人民民主的理念、方针、政策贯彻到国家政治生活和社会生活的方方面面。

中国共产党始终坚持以人民为中心、坚持人民主体地位,真正为人民执政、靠人民执政。

中国共产党坚持一切为了群众,一切依靠群众,从群众中来,到群众中去的群众路线,密切同人民群众的联系,凝聚起最广大人民的智慧和力量。

中国共产党坚持党内民主,实行民主选举、民主决策、民主管理、民主监督,带动和促进人民民主的发展。

中国共产党坚持健全选人用人制度机制,使各方面优秀人才进入党的领导体系和国家治理体系,确保党和国家的领导权掌握在忠于马克思主义、忠于党、忠于人民的人手中。

中国共产党坚持依法执政、依法治国,领导立法、保证执法、支持司法、带头守法，通过法治保障党的政策有效实施、保障人民当家作主。

进一步完善中国特色社会主义政治发展道路，关键是要增加和扩大中国的优势和特点，而不是削弱和缩小中国已经形成的优势和特点。这就需要做到：

其一，坚持发挥党总揽全局、协调各方的领导核心作用，提高党科学执政、民主执政、依法执政水平，保证党领导人民有效治理国家，切实防止出现群龙无首、一盘散沙的现象。

其二，坚持国家一切权力属于人民，既保证人民依法实行民主选举，也保证人民依法实行民主决策、民主管理、民主监督，切实防止出现选举时漫天许诺、选举后无人过问的现象。

其三，坚持和完善中国共产党领导的多党合作和政治协商制度，加强社会各种力量的合作协调，切实防止出现党争纷沓、相互倾轧的现象。

其四，坚持和完善民族区域自治制度，巩固平等团结互助和谐的社会主义民族关系，促进各民族和睦相处、和衷共济、和谐发展，切实防止出现民族隔阂、民族冲突的现象。

其五，坚持和完善基层群众自治制度，发展基层民主，保障人民依法直接行使民主权利，切实防止出现人民形式上有权、实际上无权的现象。

其六，坚持和完善民主集中制的制度和原则，促使各类国家机关提高能力和效率、增进协调和配合；形成治国理政的强大合力，切实防止出现相互掣肘、内耗严重的现象。

中国特色社会主义政治发展道路，是由中国人民决定的，是在中国历史传承、文化传统、经济社会发展的基础上长期发展、渐进改良、内生性演化的结果，深深植根于中国的社会土壤，具有强大生命力，是符合中国国情和实际、能够保证人民当家作主的正确道路。

第二，健全人民当家作主的制度体系。习近平总书记指出："我们国家的名称，我们各级国家机关的名称，都冠以'人民'的称号，这是我们对中国社会主义政权的基本定位。"发展社会主义民主政治，就是要体现人民意志、保障人民权益、激发人民创造活力，用制度体系保证人民当家作主。

党的十八大以来，中国共产党推进国家治理体系和治理能力现代化，确立和坚持中国特色社会主义的根本制度、基本制度、重要制度，人民当家作主制度体系更加健全。无论是党委换届还是人大、政府、政协换届，都体现了工人阶级领导的、以工农联盟为基础的人民民主专政的国体，保证了以工人、农民为代表的基层群众代表比例。

习近平总书记强调，在中国共产党领导的社会主义国家，一切权力属于人民，决不能依据地位、财富、关系分配政治权力！中国实行工人阶级领导的、以工农联盟为基础的人民民主专政的国体，实行人民代表大会制度的政体，实行中国共产党领导的多党合作和政治协商制度，实行基层群众自治制度，具有鲜明的中国特色。

这样一套制度安排，能够有效保证人民享有更加广泛、更加充实的权利和自由，保证人民广泛参与国家治理和社会治理；能够有效调节国家政治关系，发展充满活力的政党关系、民族关系、宗教关系、阶层关系、海内外同胞关系，增强民族凝聚力，形成安定团结的政治局面；能够集中力量办大事，有效促进社会生产力解放和发展，促进现代化建设各项事业，促进人民生活质量和水平不断提高；能够有效维护国家独立自主，有力维护国家主权、安全、发展利益，维护中国人民和中华民族的福祉。

第三，全力推进全过程人民民主。2021年，习近平总书记在中央人大工作会议上的讲话中再次强调，中国全过程人民民主不仅有完整的制度程序，而且有完整的参与实践。全过程人民民主，使人民当家作主更好体现在国家政治生活和社会生活之中，激发和凝聚了中国人民在新时代奋斗的磅礴力量。

在实践中，中国全面推进民主选举、民主协商、民主决策、民主管理、民主监督，协同推进选举民主与协商民主，人民依法有序政治参与不断扩大，人民的民主生活丰富多彩。其中，社会主义协商民主，是在中国共产党领导下，人民内部各方面围绕改革、发展、稳定重大问题和涉及群众切身利益的实际问题，在决策之前和决策实施之中开展广泛协商，努力形成共识的重要民主形式，是中国共产党和中国人民的伟大创造，是党的群众路线在政治领域的重要体现。

协商民主是中国社会主义民主政治中独特的、独有的、独到的民主形式，在中国有根、有源、有生命力，极大地丰富了民主的形式、拓展了民主的渠道、加深了民主的内涵。

社会主义协商民主内涵丰富，深深嵌入中国民主政治的全过程、各方面。从类别上看，包括政党协商、人大协商、政府协商、政协协商、人民团体协商、基层协商、社会组织协商等。从内容上看，涉及经济、政治、文化、社会、生态文明和党的建设方方面面。从形式上看，涵盖专题协商、对口协商、界别协商、提案办理协商等。从机制上看，分为民主座谈会、民主恳谈会、利益协调会、民主听证会等。这些全方位、多层次的制度设计，最大限度地保证了人民参与政治生活，避免了西方国家政治生活中那种人们只有在投票时被唤醒、投票后就进入休眠期的弊端。

协商民主的发展，充分说明社会主义协商民主是实实在在的，而不是做样子的；是全方位的，而不是局限在某个方面的；是全国上上下下都在做的，而不是局限在某一级的。

社会主义协商民主在中国所起的作用越来越大，日益彰显其独特优势：能够广泛达成决策和工作的最大共识，有效克服党派和利益集团为自己的利益相互竞争甚至相互倾轧的弊端；广泛畅通各种利益要求和诉求进入决策程序的渠道，有效克服不同政治力量为了维护和争取自己的利益固执己见、排斥异己的弊端；广泛形成发现和改正失误和错误的机制，有效克服决策中情况不明、自以为是的弊端；广泛形成人民群众参与各层次管理和治理的机制，有效克服人民群众在国家政治生活和社会治理中无法表达、难以参与的弊端；广泛凝聚全社会推进改革发展的智慧和力量，有效克服各项政策和工作共识不高、无法落实的弊端。

第四，深化人民当家作主法治化建设。法律是治国之重器。法治是国家治理体系和治理能力的重要依托，是国家治理体系和治理能力现代化的深刻革命。中国的法律是中国共产党的主张和中国人民的意志的集中体现。依法治国是人民当家作主的重要制度保障。

中共十八大以来，以习近平同志为核心的党中央把全面依法治国作为党治国理政的战略布局的重要内容。

全面推进依法治国,坚持和拓展中国特色社会主义法治道路,坚持中国共产党的领导,坚持人民主体地位,坚持法律面前人人平等。

公正是法治的生命线。全心全意为人民服务的宗旨决定了中国共产党必须追求公平正义,保护人民权益、伸张正义。

全面依法治国,紧紧围绕保障和改进社会公平正义进行,加强人权法治保障,保证人民依法享有广泛权利和自由,努力让人民群众在每一项法律制度、每一个执法决定、每一宗司法案件中感受到公平正义。

中国宪法是充分保障人民权利、实现人民当家作主的宪法,是人民当家作主的根本法律保障,是不折不扣的人民的宪法。2014年11月1日,十二届全国人大常委会第十一次会议作出决定,规定12月4日为国家宪法日。

发挥人民在法治建设中的主体作用,深化人民陪审员、人民监督员制度,完善人民调解制度,让"枫桥经验"[①] 在新时代发扬光大。

---

① "枫桥经验",是指20世纪60年代初,浙江省绍兴市诸暨县(现诸暨市)枫桥镇干部群众创造的"发动和依靠群众,坚持矛盾不上交,就地解决,实现捕人少,治安好"的"经验",为此,1963年毛泽东同志曾亲笔批示:"要各地仿效,经过试点,推广去做。"新时代"枫桥经验"的主要内容是,在开展社会治理中实行"五个坚持",即坚持党建引领,坚持人民主体,坚持自治、法治、德治"三治融合",坚持人防、物防、技防、心防"四防并举",坚持共建共享。

中国特色社会主义新时代，以习近平同志为核心的党中央，团结带领人民发展全过程人民民主，中国的民主发展进入历史新阶段。全过程人民民主在中华大地展示出勃勃生机和强大生命力。中国人民的民主自信更加坚定。中国的民主之路越走越宽广。

中国共产党的百年奋斗史，是团结带领人民探索、形成、发展全过程人民民主的奋斗史。全过程人民民主，是中国共产党团结带领人民追求民主、发展民主、实现民主的伟大创造，是党不断推进中国民主理论创新、制度创新、实践创新的经验结晶。

全过程人民民主，是近代以来中国共产党团结带领中国人民长期奋斗历史逻辑、理论逻辑、实践逻辑的必然结果，是坚持党的本质属性、践行党的根本宗旨的必然要求。

全过程人民民主，形成和发展于中国共产党领导中国人民争取民族独立、人民解放和实现国家富强、人民幸福的不懈奋斗，扎根在广袤的中华大地，吸吮着中华民族漫长奋斗积累的文化养分，学习借鉴人类文明优秀成果，符合中国国情，得到人民衷心拥护，具有深厚现实基础和广阔发展前景。

全过程人民民主，具有完整的制度程序和完整的参与实践，使选举民主和协商民主这两种重要民主形式更好地结合起来，构建起覆盖960多万平方公里土地、14亿多中国人民、56个民族的民主体系，实现了最广大人民的广泛、持续参与。全过程人民民主，充分彰显社会主义国家性质，充分彰显人民主体地位，使人民意志得到更好体现、人民权益得到更好保障、人民创造活力进一步激发。

全过程人民民主，既具有鲜明的中国特色，也体现出全人类共同价值，为丰富和发展人类政治文明贡献了中国智慧、提供了中国方案。

二　全过程人民民主的制度程序和参与实践

《中华人民共和国宪法》规定："中华人民共和国的一切权力属于人民。"全过程人民民主的核心和本质，是人民当家作主。坚持人民至上，以人民为中心，权力为民所有，是全过程人民民主的理论基石与现实要求。只有权力在人民手中的民主，才能真正实现最广大人民群众的根本利益。民主的真谛就在于"说到做到"。全过程人民民主既是价值原则，也有完整的制度程序和参与实践，不断焕发着生机与活力，使人民的获得感、幸福感、安全感不断提升。全过程人民民主具有严密系统的制度体系和完整得力的操作程序，实现了过程民主和成果民主、程序民主和实质民主、直接民主和间接民主、人民民主和国家意志的统一。它是全链条、全方位、全覆盖的民主，具体体现在民主选举、民主协商、民主决策、民主管理、民主监督之中，镌刻在民主的细节之中，是维护人民根本利益的最广泛、最真实、最管用的民主。

（一）全过程人民民主的制度体系

人民的权力并非从天而降，而是在奋斗中得来的。1840年鸦片战争以后，中国逐步成为半殖民地半封建社会，国家蒙辱、人民蒙难、文明蒙尘，中华民族遭受了前所未有的劫难。1921年中国共产党成立之后，高举人民民主旗帜，团结带领全国各族人民在深重苦难中披荆斩棘，摸索前进，终于推翻了帝国主义、封建主义和官僚资本主义的统治，建立了中华人民共和国。从此，中国人民真正成为国家的主人，真正掌握了国家的权力，真正实现了当家作主的愿望。

新中国成立以来特别是改革开放以来，中国共产党团结带领人民在发展社会主义民主政治方面取得了重大进展，成功开辟、坚持和拓展中国特色社会主义政治发展道路，为实现最广泛的人民民主确立了正确方向。

在民主实践中，制度扮演着十分重要的角色。它既是发展全过程人民民主的保障，又是发展全过程人民民主的集中体现。发展社会主义民主政治，就是要体现人民意志，保障人民权益，激发人民创造活力，用制度体系保证人民当家作主。中华人民共和国成立之后，逐步形成了一套严密系统的民主制度体系。这套制度体系包括根本政治制度、基本政治制度和重要政治制度，为发展全过程人民民主提供了基本规范，保证人民真正成为国家和社会的主人。

第一，人民代表大会制度。

作为中国的根本政治制度，人民代表大会制度以人民代表大会为核心和主要内容。作为中国的权力机关，人民代表大会包括全国人民代表大会和地方各级人民代表大会，都由民主选举产生，对人民负责，受人民监督。

全国人民代表大会和全国人民代表大会常务委员会行使国家立法权。全国人民代表大会每届任期五年。在全国人民代表大会任期届满的两个月以前，全国人民代表大会常务委员会必须完成下届全国人民代表大会代表的选举。如果遇到不能进行选举的非常情况，由全国人民代表大会常务委员会以全体组成人员的三分之二以上的多数通过，可以推迟选举，延长本届全国人民代表大会的任期。在非常情况结束后一年内，必须完成下届全国人民代表大会代表的选举。全国人民代表大会会议每年举行一次，由全国人民代表大会常务委员会召集。如果全国人民代表大会常务委员会认为必要，或者有五分之一以上的全国人民代表大会代表提议，可以临时召集全国人民代表大会会议。

党的十八大以来，中国特色社会主义进入新时代。全国人民代表大会及其常务委员会颁布实施首部《中华人民共和国民法典》，最近30多年来首次修订《中华人民共和国全国人民代表大会组织法》和《中华人民共和国全国人民代表大会议事规则》，审议通过《中华人民共和国监察法》《中华人民共和国慈善法》《中华人民共和国外商投资法》等重要基础性法律。2018年3月17日，全票当选国家主席的习近平左手抚按《宪法》，右手举拳，进行中华人民共和国历史上首次国家领导人宪法宣誓。全国人大常委会以国家立法形式确立了宪法宣誓制度。人民代表大会的这些立法实践，将法治信仰注入亿万人民心中，熔铸为治国安邦的定则。

人民代表大会制度60多年的发展证明，这一制度是符合中国国情和实际、体现社会主义国家性质、保证人民当家作主、保障实现中华民族伟大复兴的好制度，是中国共产党领导人民在人类政治制度史上的伟大创造，是中国政治发展史乃至世界政治发展史上具有重大意义的全新政治制度。

第二，中国共产党领导的多党合作和政治协商制度。

我国宪法规定，中国共产党领导的多党合作和政治协商制度将长期存在和发展。在中国共产党的领导下，各民主党派和无党派人士以会议协商、约谈协商、书面协商等形式，就国家的大政方针以及政治、经济、文化和社会生活中的重要问题在决策之前举行协商和就决策执行过程中的重要问题进行协商。这些参政实践，促进广泛团结，推进多党合作，实践人民民主。

中国人民政治协商会议设有全国委员会和省、市、县（区）委员会四个层级的3200多个组织。全国政协全体会议与全国人大全体会议每年同期召开，政协委员不仅要讨论政协的问题，还要列席全国人大会议，参加对有关法律修改、"一府两院"工作报告等的讨论，履行职责。这样的制度安排，真正实现了让人人起来负责、人人监督政府工作，形成了具有中国特色的"两会"式民主。

各级政协委员有60多万名。全国政协设34个界别，涵盖8个民主党派和无党派人士、各主要人民团体、56个民族、5大宗教，全国政协委员有2100多名。政协委员作为各党派团体和各族各界代表人士，由各方面郑重协商产生。这样的界别特点和委员构成，能够有效保障各党派、各团体、各民族、各阶层、各界人士共商国是，推动实现广泛有效的人民民主。

自2013年创立以来，全国政协"双周"协商座谈会已成为人民政协的一个品牌，推动解决了一系列重大问题，展现了中国式协商民主的强大生命力。广大政协委员强化责任担当，拓宽协商议政途径，广纳群言、广谋良策、广聚共识的效果更加明显。

在中国的政治和社会生活中，中国共产党领导的多党合作和政治协商制度有利于巩固和发展最广泛的爱国统一战线，团结一切可以团结的力量，不断促进政党关系、民族关系、宗教关系、阶层关系、海内外同胞关系和谐，最大限度凝聚起实现中华民族伟大复兴一切智慧和力量，从而显示出独特的政治优势和强大的生命力，发挥了不可替代的重大作用。

第三，民族区域自治制度。

民族区域自治制度是中国的一项基本政治制度。实行民族区域自治，体现了国家充分尊重和保障各少数民族管理本民族内部事务权利的精神，体现了国家坚持实行各民族平等、团结和共同繁荣的原则。

民族自治地方设立自治机关，自治机关是国家的一级地方政权机关。上级国家机关保障民族自治地方的自治机关行使自治权，并且依据民族自治地方的特点和需要，努力帮助民族自治地方加速发展社会主义建设事业。民族自治地方的自治机关保障本地方各民族都有使用和发展自己的语言文字的自由，都有保持或者改革自己的风俗习惯的自由，都有保障各民族公民有宗教信仰的自由。

目前，中国共建立155个民族自治地方，其中自治区5个、自治州30个、自治县或者自治旗120个。民族自治地方行政区域的面积占到了全国总面积的64%。在民族自治地方的人民代表大会常务委员会中，均有实行区域自治民族的公民担任主任或者副主任；民族自治地方政府的主席、州长、县长或旗长，均由实行区域自治的民族的公民担任。

近年来，兴边富民行动在民族地区广泛实施，边民生产生活条件大幅改善，各族群众凝聚力和向心力显著增强。一个个环境优美的小康村，点亮着中国漫长的边境线，守护着每一寸神圣国土。2021年6月29日，西藏自治区隆子县玉麦乡的卓嘎在人民大会堂接受了习近平总书记为她颁授的"七一勋章"。33年前，卓嘎扛起玉麦乡乡长的担子，行走在为国巡边的路上。卓嘎和家人守边的事迹，感动了

2021年7月10日，卓嘎（右）给女儿巴桑卓嘎讲述她为国守边的故事。

大江南北。在国家的大力支持下，玉麦已成为一乡两村的小康乡镇，居民由 3 人增加到 200 多人。他们在边境生活劳作、守护国土，书写着一个又一个动人的故事。

在民族区域自治这一制度框架下，中华民族大团结的局面不断巩固，各族人民交往、交流、交融日益广泛深入，平等、团结、互助、和谐的社会主义民族关系不断发展。56 个民族在多元中铸就整体、在整体中百花齐放，共同凝聚在中华民族旗帜下，推动中华民族走向包容性更强、凝聚力更大的命运共同体。

第四，基层群众自治制度。

中国人口多、地域广，基层治理差异大，实行以村民自治制度、居民自治制度和职工代表大会制度为主要内容的基层群众自治制度。

村民委员会是村民自我管理、自我教育、自我服务的基层群众性自治组织，实行民主选举、民主决策、民主管理、民主监督。村民委员会办理本村的公共事务和公益事业，调解民间纠纷，协助维护社会治安，向人民政府反映村民的意见、要求和提出建议。村民委员会向村民会议、村民代表会议负责并报告工作。

居民委员会是居民自我管理、自我教育、自我服务的基层群众性自治组织。不设区的市、市辖区的人民政府或者它的派出机关对居民委员会的工作给予指导、支持和帮助。居民委员会协助不设区的市、市辖区的人民政府或者它的派出机关开展工作。

企事业单位建立以职工代表大会为基本形式的民主管理制度,职工在企事业单位重大决策和涉及职工切身利益等重大事项上发挥积极作用。企事业单位推行职工董事、职工监事制度,全面实行厂务公开制度,探索领导接待日、劳资恳谈会、领导信箱等形式,反映职工诉求,协调劳动关系和保障职工合法权益,对单位生产和管理提出意见建议,为单位发展献计献策。

基层群众自治制度增强了基层群众的民主意识和民主能力,培养了基层群众的民主习惯,充分彰显了中国民主的广泛性和真实性。基层群众自治,使基层社会细胞都活跃起来,使"微治理"富有活力、更有效率,为建设人人有责、人人尽责、人人享有的基层治理共同体提供了坚实制度保障。

(二)全过程人民民主的基本程序

全过程人民民主,是过程民主与成果民主的有机统一,其中过程民主体现民主的程序、流程,成果民主体现民主的结果、成效,两者相辅相成。全过程人民民主,落实人民主体地位,构建贯穿民主选举、民主协商、民主决策、民主管理、民主监督各环节的制度体系，保证人民的知情权、参与权、表达权、监督权。同时，它注重切实管用，在制度运行中推动国家和社会发展，真正把发展为了人民、发展依靠人民、发展成果由人民共享落到实处。有关数据显示，近年来，中国民众对政府的信任度、满意度每年都保持在90%以上。全球知名公关咨询公司爱德曼的报告显示，中国已连续多年蝉联世界第一。

民主集中制是中国共产党的根本组织原则和领导制度，是中国国家组织形式和活动方式的基本原则。它是一种在民主基础上的集中和集中指导下的民主相结合的制度。民主与集中互为条件、相辅相成、缺一不可。民主和集中之间，并没有不可越过的鸿沟。对于中国，二者都是必需的。

发展全过程人民民主，必须贯彻民主集中制。单纯强调集中，不充分发扬民主，就无法群策群力，更无法充分调动起人民的积极性、主动性、创造性，事情就会走到相反的方向上去。而没有集中的指导，就无法汇集民智，民主就容易成为"极端民主"，无法维持稳定的政治秩序，最终损害的还是人民的民主权利。只有将民主与集中结合起来，才能做到集中与民主、纪律与自由、统一意志与个人心情舒畅、生动活泼相统一。

发展全过程人民民主，必须将程序民主和实质民主有机结合起来。评价一个国家政治制度是不是民主的、有效的，2014年9月5日，习近平总书记在庆祝全国人民代表大会成立60周年大会上的讲话中提出了"八个能否"标准，即国家领导层能否依法有序更替；全体人民能否依法管理国家事务和社会事务、管理经济和文化事业；人民群众能否畅通表达利益要求；社会各方面能否有效参与国家政治生活；国家决策能否实现科学化、民主化；各方面人才能否通过公平竞争进入国家领导和管理体系；执政党能否依照宪法法律规定实现对国家事务的领导；权力运用能否得到有效制约和监督。2021年10月13日，习近平总书记在中央人大工作会议上的讲话中重申了这一思想。这些标准体现着程序民主和实质民主相统一的要求。中国的做法是，通过党内民主生活会、人大和政协会议、全国政协"双周"协商座谈会、专题征求意见座谈会等各种平台（形式）的民主实践，推动以程序民主促进实质民主、以实质民主保障程序民主。

从陕甘宁边区的"豆选"式投票到北京人民大会堂的选票式投票，从建立"三三制"为原则的抗日民主政权到确立人民民主专政的社会主义国家制度，从中央到基层，汇聚了中国人民民主的生动实践。改革开放以来，在每年的全国人大会议上，近3000名全国人大代表共商国家发展大计、共议民生热点问题，党和国家领导人当面倾听意见建议，让人民的所思所盼融入国家发展顶层设计。2021年12月31日，习近平总书记在2022年新年贺词中深情地说："民之所忧，我必念之；民之所盼，我必行之。"这是中国共产党人为民情怀崇高境界的生动写照。

全过程人民民主按照普遍、平等、直接选举和间接选举相结合以及差额选举、无记名投票的原则，开展丰富的民主实践。按宪法和有关法律规定，县、不设区的市、市辖区、乡、民族乡、镇的人民代表大会代表由选民直接选举产生。全国人民代表大会代表，省、自治区、直辖市、设区的市、自治州的人民代表大会代表，均由下一级人民代表大会选举产生。各级行政机关的领导人、县级以上人大常委会组成人员和法院院长、检察院检察长均由本级人民代表大会选举产生。

改革开放以来，中国先后进行12次乡级人大代表直接选举、11次县级人大代表直接选举，选民参选率均保持在90%左右。截至2021年4月，中国全国、省、市、县、乡五级人大共有代表262.3万名。其中，县、乡两级人大代表247.8万名，占代表总数94.5%，都是由选民一人一票直接选举产生。

全过程人民民主坚持党的领导、人民当家作主、依法治国有机统一，体现为共识型民主、效能型民主。人大代表密切联系群众、听取群众呼声、反映人民意愿，依法提

二 全过程人民民主的制度程序和参与实践 | 51

2021年11月5日，在北京市门头沟区妙峰山镇机关投票站，妙峰山卫生院医护人员在工作人员监督下把选票郑重投入红色票箱，依法行使自己的民主权利。

出议案、建议和意见，各国家机关、组织认真研究、逐件办理，切实体现到政策、法律和工作之中。

党的十八大以来，通过建立基层立法联系点这一举措，全国人大搭建起了反映民情、倾听民意、汇聚民智的"直通车"。截至2021年10月，全国人大常委会法工委设立的立法联系点已经达到22个，涉及21个省（区、市），先后就117部法律草案、年度立法计划等征求基层群众意见建议7200余条。

全过程人民民主是由法治保驾护航的。法律面前人人平等，平等是社会主义法律的基本属性。法律不是少数人的私人工具，而是一种社会公器，对所有人具有平等的约束力。保障全过程人民民主，其前提是坚持公民在法律和制度面前人人平等。不管谁犯了法，都要由公安机关依法侦查，司法机关依法办理，任何人都不许干扰法律的实施，任何犯了法的人都不能逍遥法外。

上面这些制度程序，健全了全面、广泛、有机衔接的人民当家作主制度体系，构建了多样、畅通、有序的民主渠道，有效保证了党的主张、国家意志、人民意愿相统一，有效保证了人民当家作主。

（三）全过程人民民主的参与实践

在新时代发展全过程人民民主，中国把选举民主与协商民主结合起来，把民主选举、民主协商、民主决策、民主管理、民主监督贯通起来。这些民主参与的实践，覆盖经济、政治、文化、社会、生态文明等各个方面，具有时间上的连续性、内容上的整体性、运行上的协同性、人民参与上的广泛性和持续性。

全过程人民民主在于广泛、真实、管用。民主不是、也不应该是一种空洞的词汇或者用来获得某种支持所空喊的口号。民主不是装饰品，不是用来做摆设的，而是用来解决人民要解决的问题的。只有广泛、真实、管用的民主，才能发挥其应有作用。

全过程人民民主是广泛的民主。这主要体现在，民主为最广大人民群众所享有，而非少数人的特权。包括工人、农民、知识分子、干部、解放军指战员和其他社会主义劳动者、社会主义事业建设者、拥护社会主义的爱国者、拥护祖国统一的爱国者和致力于中华民族伟大复兴的爱国者在内的全体人民，都是国家和社会的主人。

全过程人民民主是真实的民主。这主要体现在，人民民主不仅具有相应制度体系的支撑，还有稳定的法律和物质保障，人民能够切实管理自己的国家。如果人民只有在投票时被唤醒、投票后就进入休眠期，只有竞选时聆听天花乱坠的口号、竞选后就毫无发言权，只有拉票时受宠、选举后受冷落，这样的民主不是真正的民主。

全过程人民民主是管用的民主。人民当家作主的制度体系充分体现了人民意志，最大程度保障人民权益，激发了人民的创造活力。这一制度体系，防止了人民形式上有权、实际上无权的现象，避免了相互掣肘而导致内耗严重、效率低下的弊端。

人民代表人民选，选好代表为人民。选举人大代表是人民当家作主的直接体现。这一选举有着严肃完整的程序，一般来说，需要经过选区划分、选民登记、提出代表候选人、选票发放、投票、计票监票、公布结果、代表资格审查等环节，确保民主选举的有序进行。

　　1953年3月1日，新中国第一部选举法——《中华人民共和国全国人民代表大会及地方各级人民代表大会选举法》（以下简称《选举法》）公布施行，为民主选举提供了法律依据。从1953年下半年到1954年5月，中国开展了历史上第一次规模空前的普选，成为中国人民行使当家作主权力的伟大事件。此后，中国与时俱进修改选举法，不断完善选举制度。《选举法》规定，由选民直接选举人民代表大会代表的，代表候选人的人数应多于应选代表名额三分之一至一倍，代表候选人由各选区选民和各政党、各人民团体提名推荐，经选民小组讨论、协商，确定正式代表候选人名单，按照差额选举原则进行投票选举。由县级以上的地方各级人民代表大会选举上一级人民代表大会代表的，代表候选人的人数应多于应选代表名额五分之一至二分之一。农村和城市全国人大代表所代表人口数比例，从8∶1、4∶1再到1∶1的变化，反映了城乡人口逐步实现平等选举的民主成果，成为中国推进社会主义民主政治的生动写照。

　　中共中央印发的《关于加强社会主义协商民主建设的意见》明确了政党协商、人大协商、政府协商、政协协商、人民团体协商、基层协商和社会组织协商七种协商民主渠道，从顶层设计的高度系统谋划了协商民主的发展路径。在重大决策前和决策过程中，通过提案、会议、座

1953年3月,《中华人民共和国全国人民代表大会及地方各级人民代表大会选举法》颁布后,北京学生在西单打腰鼓、扭秧歌,庆祝中国历史上首次普选。

谈、论证、听证、评估、咨询、网络、民意调查等多种途径和方式,就改革、发展、稳定的重大问题以及事关自身利益的问题进行充分协商。其中,"每有大事,必相咨访"的政党协商,已经成为中国共产党提高执政能力的重要途径。

2021年,国务院部门共办理"两会"期间代表建议8666件、委员提案5718件,分别占总数的96.4%和93.4%。各部门认真研究代表、委员的意见建议,共采纳意见建议4300多条，出台相关政策措施1600多项，在着力做好"十四五"专项规划编制工作、推动经济社会高质量发展、增进民生福祉、改善生态环境质量、推进实施乡村振兴战略等重点领域，取得了实实在在的成效。

察民情、听民声、顺民意。广泛的民意汇集，有序的政治参与，高效的民主决策，凸显了中国特色社会主义民主的本质、特质、品质。民主决策需要一套完整的程序系统来支撑，主要包括提出决策问题、形成解决预案、开展咨询评估、集体讨论决定、组织决策实施和监督反馈修正等环节。

以立法决策为例，中国坚持为民立法、民主立法，通过人大"开门立法"、政府"开门问策"、群众参与基层决策，保障人民通过各种途径参与立法活动，努力让每一项立法反映人民意愿、得到人民拥护。广西壮族自治区柳州市三江侗族自治县人大常委会建立桂湘黔三省（区）六县人大常委会基层立法联系点工作区域协同机制，与广西壮族自治区融水苗族自治县、龙胜各族自治县，贵州省黎平县、从江县，湖南省通道侗族自治县等县人大常委会加强区域协同，通过三江县基层立法联系点"立法直通车"反映三省（区）六县群众的呼声，进一步扩大基层立法联系点的辐射面和影响力。

对即将实施的重大决策和各方提出的重大决策建议，

充分听取各方面意见，保障人民群众通过多种途径和形式参与决策。起源于20世纪60年代初的浙江"枫桥经验"，经过60多年的发展、完善，形成了"党政动手，依靠群众，预防纠纷，化解矛盾，维护稳定，促进发展"的工作思路和工作格局，并从社会治安领域扩展到经济、政治、文化、社会、生态等诸多领域，形成了满园春色的新局面，成为民主决策典范。北京前门草厂四条的"小院议事厅"、上海长宁虹桥街道的古北市民中心、浙江温岭的民主恳谈会、苏州"协商议事室"等"接地气、聚民智"的众多有益探索，让越来越多来自基层的声音直达各级决策层，越来越多的群众意见转化为党和政府的重大决策。

浙江省绍兴诸暨市创新"枫桥经验"（图为该市暨阳街道江新社区"江大姐"调解室成功调解一起邻里纠纷）

人民的事人民管，人民的事人民办。做好民主管理，必须明确民主管理范围，厘定管理权限，建立民主管理制度，依法依规开展管理活动。在当代中国，广大人民弘扬主人翁精神，发挥主体作用，积极行使宪法和法律赋予的各项权利并承担宪法赋予公民的责任和义务。人民通过参加选举、协商、决策、监督等各种途径和形式，参与国家政治生活与社会生活的管理和城乡社区、企事业单位、社会组织的民主管理，管理经济和文化事业，管理社会事务，保障人民知情权、参与权、表达权、监督权。

目前，全国已建工会企业中，建立职工代表大会的企业有314.4万家，其中，非公有制企业293.8万家，占93.4%。截至2021年11月，各级民政部门共登记社会组织超过90万家，其中全国性社会组织2284家。形式多样的社会组织成为人民民主管理的重要领域。

让权力在阳光下运行。1962年初，毛泽东批评了有些同志怕群众批评的事："哪有马克思列宁主义者怕群众的道理呢？有了错误，自己不讲，又怕群众讲。越怕，就越有鬼。"2015年，习近平总书记在中央统战工作会议上讲话更是直击要害："如果把监督当成挑刺儿，或者当成摆设，就听不到真话、看不到真相，有了失误、犯了错误也浑然不知，那是十分危险的。"

民主监督不能无序开展，必须在一定的制度程序范围内，经过"发现问题、反映问题、处理问题、反馈总结"等环节，切实监督权力运作。中国结合自身实际，通过人大监督、民主监督、行政监督、监察监督、司法监督、审计监督、财会监督、统计监督、群众监督、舆论监督等多种途径，探索构建起了一套有机贯通、相互协调的监督体系。这套监督体系，形成了配置科学、权责协同、运行高效的监督网，持续深化不敢腐、不能腐、不想腐一体推进的制度机制，对权力的监督逐步延伸到每个环节、每个领域、每个角落。2012年12月至2021年5月，全国纪检监察机关"打虎""拍蝇""猎狐"，共立案审查调查案件380.5万件，查处408.9万人。亿万中国人民见证了中国共产党人"打铁必须自身硬"的铿锵承诺。

中国的全过程人民民主是最广泛、最真实、最管用的民主，实现各方面意志和利益的协调统一，实现各方面在共同思想、共同利益、共同目标基础上的团结一致，有效维护和发展人民根本利益，真正解决中国问题，促进了国家治理的高效能，提升了国家治理体系和治理能力现代化水平。

民主也是民心。中国的民主激发了全社会成员的创造力和发展活力，用几十年时间走完了发达国家几百年走过的工业化历程，人民生活实现了由贫困到温饱、由总体小康再到全面小康的翻天覆地变化，创造了经济快速发展和社会长期稳定两大奇迹，汇聚起实现民族复兴的磅礴力量，在当今世界上具有突出的比较优势。这是"中国之治"的"制胜密码"，是中国民主的真实力量。

迈上全面建设社会主义现代化国家新征程，坚持以人民为中心，不断推进社会主义民主政治制度化、规范化、程序化，一定能超越霸权政治逻辑，跨越各种发展陷阱，更好地发挥中国特色社会主义政治制度的优越性，为人类探索建设更好民主制度和人类政治文明进步作出充满中国智慧的新贡献。

三　全过程人民民主的实现路径

方向决定道路，道路决定命运。中国社会主义民主政治发展道路，是近代以来中国人民长期奋斗历史逻辑、理论逻辑和实践逻辑的必然结果。新时代中国共产党人提出全过程人民民主，进一步深化了对民主政治发展规律的认识。因循着中国社会主义民主政治发展道路，全过程人民民主并非空洞的政治口号，也不仅仅是停留在话语建构层面的概念，而是具有自己的实现途径和方式。

（一）中国共产党领导人民实现全过程人民民主

在广袤的中国大地上，对于民主而言，中国共产党的领导并非外在强加的因素，在人民当家作主制度体系的形成过程中，全过程人民民主与中国共产党的领导是相伴相生、不可分割的。

第一，党群关系和党性特质，决定了全过程人民民主的实现需要中国共产党领导。

中国共产党是中国的最高政治领导力量，也是民主发展的领导力量。中国共产党来自人民、植根人民、服务人民，始终把为人民谋幸福、为中华民族谋复兴作为自己的初心使命。由于根本目标一致，代表不同群体的竞争性政党关注短期利益和局部利益的党争、民粹等一系列民主难题找不到了，中国共产党成为中国人民的主心骨、领导中国一切事业的核心力量，党和人民群众的关系成为能够以一致性包容消解差异性的政治"同心圆"。

上述党性特质和党群关系，决定了中国共产党具有竞争性政党无可比拟的先进性；党成为领导核心的背后是构建党的完整组织体系和创新性原则及运行机制，使党的先进性具体体现在其组织力、领导力和号召力方面。

中国共产党自成立以来，就高度重视党的组织体系建设，并在实践中形成了包括党的中央组织、地方组织、基层组织在内的严密的组织体系。根据《中国共产党章程》，中国共产党的中央组织，是党的中央一级的组织，领导全党工作。党的全国代表大会、中央委员会、中央纪律检查委员会、中央政治局、中央政治局常务委员会、中央书记处、中央军事委员会，皆在其列。中国共产党的地方组织，是按照国家行政区域设置的各级党的组织。省、自治区、直辖市，设区的市、自治州、县（旗）、自治县，不设区的市、市辖区的党代表大会和它们所产生的委员会（纪律检查委员会）和常务委员会，以及中国共产党的中央和地方各级委员会派出的代表机关，都是中国共产党的地方领导机关。中国共产党在企业、农村、机关、学校、科研院所、街道社区、社会组织、人民解放军连队和其他基层单位也成立了大量的基层组织。

基于上述严密组织体系，中国共产党凭借民主集中制原则的根本组织原则和选贤任能的系统化遴选机制，支撑起世界上任何其他政党都不具有的强大组织力和领导力。一方面，中国共产党在充分发扬民主的基础上正确集中各方意见，汇聚各方面的智慧和力量，形成统一意志和统一行动，实现广泛民主基础上的集中。在政治生活中，中国共产党实行集体领导和个人分工负责相结合的集体领导制度，坚持集体领导、民主集中、个别酝酿、会议决定的原则，广泛听取各方面的意见建议，完善民主决策、科学决策、依法决策机制。另一方面，治国之道，务在举贤。一些国家中能说会道、擅长表演就可以竞选当总统的"民主"，或者只要制度好、傻瓜也能治国的"制度万能"论，都与中国政治文化深层次的心理结构格格不入。中国共产党经过数十年政治改革的探索，传承了持续上千年的科举选拔制度的公开、公正等积极方面，借鉴西方政治制度的一些做法，把"选拔"和"选举"较好地结合起来。大部分中国共产党的领导干部，其晋升都经过大量的基层锻炼，经过不同岗位的工作实践，经过初步考察、征求意见、民意调查、评估、投票、公示等一系列程序，最后才能担任重要职务和关键职务。同时，高级干部轮替的比率和速度既高又快。有美国学者发现，在每五年一届的中央委员会中，近几届60%以上的委员都是新当选的。中国共产党的选贤任能机制，有效保证了民主治理的不断完善和人才结构的不断优化。选贤任能制度的运行，让忠诚干净担当的高素质干部队伍建设成为可能，丰富了中国共产党的治国理政经验和智慧。

一个领导核心只有与人民大众根本利益休戚与共、慎终如始与人民站在一起，同时又具备强大的政治领导力、思想引领力、群众组织力、社会号召力的优势，才能够守正创新、领导人民克服前所未有的风险和挑战，真正实现人民当家作主。

第二，中国共产党领导人民追求民主、巩固民主、发展民主。

中国共产党自诞生之日起，就高举人民民主的旗帜，以建设人民当家作主的新国家、新社会为己任，带领人民为争取民主、反抗压迫和剥削进行了艰苦卓绝的斗争。新民主主义革命时期，中国共产党领导人民为争取民主、反抗压迫和剥削进行了艰苦卓绝的斗争，组织罢工工人代表大会、农民协会为工人和农民争取权益，建立中华苏维埃共和国并探索建立新型民主制度，创建以"三三制"为原则的参议会等民主政治实现形式，一系列民主探索得到人民群众的衷心拥护。正是由于中国共产党的坚强领导，中华民族彻底走出了百年屈辱的阴霾，中国人民真正成为国家、社会和自己命运的主人，民主开始从梦想照进现实。

社会主义革命和建设时期，中国共产党充分发挥总揽全局、协调各方的领导核心作用，消灭了一切剥削制度，社会主义基本经济制度得以确立，国民经济命脉牢牢掌握在人民手中，使人民当家作主具有坚实经济基础和物质保障。中国共产党和各民主党派、人民团体、无党派民主人士按照民主原则共商建国大计，人民民主专政的国家政权和人民代表大会的根本政治制度得以确立。紧接着，全国人大代表普选、新中国第一部宪法通过，人民当家作主的政治架构、法治原则和制度框架基本确立并不断发展起来。

改革开放和社会主义现代化建设新时期，中国共产党深刻总结新中国成立以来正反两方面的经验，坚持中国特色社会主义政治发展道路和社会主义法治建设，巩固社会主义民主。根本政治制度、基本政治制度的制度体系进一步完善，政治体制改革稳妥推进，中国特色社会主义法律体系逐渐形成，人民依法享有和行使民主权利的内容更加丰富、渠道更加畅通、形式更加多样。民主发展的社会物质基础和政治制度保障更加坚实。

中国特色社会主义新时代，中国共产党人立足新的历史方位，深刻把握中国社会主要矛盾发生的新变化，积极回应人民对民主的新要求新期盼，团结带领人民发展全过程人民民主，中国民主道路越走越宽广。全面推进社会主义民主政治制度化、规范化、程序化，人民代表大会制度作为实现全过程人民民主的重要制度载体的作用更加突出，人大代表同人民群众的联系进一步密切；鼓励完善各民主党派中央对重大决策部署的贯彻落实实施专项监督、直接向中共中央提出建议等制度，加强人民政协专门协商机构制度建设，社会主义协商民主广泛多层制度化发展；健全民族区域自治和基层群众自治，人民民主在中华大地展示出勃勃生机和强大生命力。

（二）全面依法治国保障全过程人民民主有序实现

法治是民主长期稳定发展的重要支持和坚强保障。中国社会主义民主计百代千年、谋长远发展，坚持与法治相辅相成，既从制度上、法律上保证人民当家作主，又推动民主运行的法治化、规范化。切实的权利保障和有力的权力监督，是全过程人民民主的鲜明特征。法治让中国的民主稳步发展、持续发展，在发展中不断创新，在创新中不断完善。

第一，构建并持续健全人民当家作主制度体系，保障民主权利。

依法治国是按照人民的意志治国，是人民当家作主在国家治理方式上的体现。让民主始终在法治轨道上运行，使民主制度和实践都有法可依，是中国社会主义民主的不懈追求。中国社会主义民主不断丰富发展民主实践成果，并及时以法律的形式确认和巩固下来，不因领导人的改变而改变，不因领导人的看法和注意力的改变而改变。

在中国，国家各项制度围绕人民当家作主的原则构建，国家治理

2014年12月4日是中国首个"国家宪法日"，当天，西藏自治区及拉萨市各机关单位向市民进行法律宣传。

体系围绕实现人民当家作主的要求运转，由此全过程人民民主形成了完整的制度安排。人民代表大会制度、中国共

产党领导的多党合作和政治协商制度、民族区域自治制度、基层群众自治制度等制度安排,进一步构成全面、广泛、有机衔接的人民当家作主制度体系,构建了多样、畅通、有序的民主渠道,有效保证党的主张、国家意志、人民意愿相统一。

保障最广泛的民主主体实现民主权利。民主主体覆盖面广是中国社会主义民主的优势。党领导人民发展全过程人民民主,使选举民主和协商民主这两种重要民主形式更好结合起来,实现了最广大人民的广泛、持续参与。人民代表大会制度是人民当家作主的重要途径和最高实现形式,被以宪法的形式确立下来。

保障人民享有最广泛的民主权利。党领导人民探索形成了社会主义民主的丰富实现形式,并以立法的形式将制度化途径确定下来。人民既通过人大代表、政协委员或者亲身投入的方式参与国家发展顶层设计的意见建议征询,又通过民族区域自治、基层群众自治等制度化途径参与地方公共事务治理;既参与民主选举、民主协商,又参与民主决策、民主管理、民主监督;既通过人大基层立法联系点、国家信访部门等渠道表达意愿,又通过社会组织、网络等平台表达诉求。

保障人民享有最真实的民主权利。中国的民主既保证人民依法实行民主选举,也保证人民依法通过各种途径和形式管理国家事务，管理经济和文化事业，管理社会事务，切实防止了选举时漫天许诺、选举后无人过问的现象。中国的民主为人民过上美好生活提供了坚强保障。丰富多样的民主渠道把党和政府干的事情与老百姓盼的事情紧紧连在一起，使人民的意愿诉求既能充分表达又能有效实现，推动人民的意愿和呼声转化为党和国家的方针政策。

第二，织就监督大网，力斗腐败大敌，守护民主成果。

谈民主，避不开权力这把"双刃剑"。在现代国家中，人民委托授予权力之后，如何保证执政党及政府在行使公共权力时始终体现人民意志？如何有效避免公共权力的滥用和腐败现象的产生？对公共权力的监督、制约和纠错，必不可少。缺失了权力监督制约的民主，是不真实不可信的民主。中国坚持通过依法治国，实现权力的有效监督和制约，确保人民赋予的权力始终用来为人民谋幸福。

编织人民监督大网。在中国，解决公权力的肆意滥用、以权谋私等问题，不是依靠所谓的政党轮替和三权分立，而是结合本国实际，依靠有效科学的民主监督。中国宪法和法律赋予了人民广泛的监督权，人民通过各种制度化监督机制对公共权力和公职人员编织监督大网、实施权力制约。在中国共产党统一领导下，立足法定的民主监督权利，探索形成了配置科学、权责协同、运行高效的人民监督体系，恰如一张疏而不漏的蛛网，全面覆盖对权力监督的每个领域和每个角落。在人民监督大网中，既包含人大监督，也包含党际监督、人民政协监督；既包含人民政府的行政监督，也包含司法、审计、财会、统计等专业机关监督；既包含人民团体监督、舆论监督，也包含人民群众直接监督。国家监察机关、党的纪律检查机关等专门监督机关的监督与人民监督相互联系、相互配合，有效保证了全过程人民民主运行中，人民的民主权利不因选举结束而中断，公共权力的运用得到有效制约。

在带领人民织就人民监督大网的同时，党持续推进自我革命，以党内监督带动人民监督，党内监督和人民监督协同捍卫民主成果。坚持依规依纪治党，健全党内法规，严明纪律规矩；普遍实行领导干部任期制，加强对"一把手"等关键少数特别是高级领导干部的管理，严格规范工作和生活待遇，坚决防止形成特权阶层。持续完善党务公开、政务公开、司法公开等规制，保证党员干部在法定的"权力清单"和"责任清单"范围内，依照法定程序开展工作，最大限度防止权力异化、个人寻租。

力斗腐败大敌，把好民主红线。公权力的腐败、异化，向来是民主的大敌，对于全过程人民民主也不例外。在解决腐败这个古今中外治国理政的顽疾方面，中国不仅有鲜

吉林省人民政府网政务公开

明态度,更有实际行动。中国以"得罪千百人,不负十四亿"的鲜明态度,坚定不移地将反腐败视作一场持久的人民战争,坚持系统施治、标本兼治。中国坚持依法治国但不执念于"法律万能",因为法律也有限度,还需要其他的规章制度和社会主义伦理道德规范作为与法治相辅相成的重要手段,不敢腐、不能腐、不想腐一体推进,惩治震慑、制度约束、提高觉悟一齐发力。纪检监察合署办公,国家监察委员会是党和国家监督的体系化统合,实现了人民监督在国家监督体系内的制度化嵌入,成为反腐一线的惩治震慑主力,反腐败无禁区、全覆盖、零容忍。坚持党风廉政建设和反腐败斗争齐头并进,党内整风、学习教育常抓不懈;坚持受贿、行贿一起查,坚持有案必查、有腐必惩,以刮骨疗毒、壮士断腕的勇气坚定不移"打虎""拍蝇""猎狐",反腐败斗争取得压倒性胜利并全面巩固。2012年

12月至2021年5月，全国纪检监察机关在人民监督员等各类群体的支持帮助下"打虎""拍蝇""猎狐"，共立案审查调查案件380.5万件，查处408.9万人。

（三）"人民至上"理念贯穿人民当家作主全部实践

民主在世界各国有多元化的定义和制度安排，"民选之主""小民弄权""主权在民""人民统治"逐渐演变，也交错共存。在今日中国，民主是人民之治。中国社会主义民主始终坚持人民至上，一切为了人民，一切依靠人民，成果由人民共享，做到体现人民意志、维护人民利益、汇聚人民心声、凝聚人民力量。"人民至上"理念以可视、可感的现实样态运行、落到实处，迸发出无穷的创新智慧。

第一，"人民至上"成为提挈新时代全过程人民民主的核心理念。

人民是历史的创造者，是决定一个国家前途命运的根本力量。新时代的全过程人民民主正是坚持以人民性为价值导向，坚持人民至上，广泛体现人民意志，真实保障人民权益，有效激发人民创造活力，人民主体参与、共享民主成果。党领导和支持人民当家作主，始终把最广大人民根本利益作为做决策、定政策的最高标准。任何时候都把人民利益放在第一位，始终与人民同呼吸、共命运、心连心，始终依靠人民推动民主发展。中国各项制度都围绕人民当家作主构建，国家治理体系都围绕实现人民当家作主运行。千千万万的普通中国公民通过各个领域的民主制度和各个层次的民主形式，共同行使管理国家事务、管理经济和文化事业、管理社会事务的真实可行权利。

全过程人民民主是广泛体现人民意志的民主，尊重民意是全过程人民民主的首要含义。在中国，制定法律法规和解决公共问题都会广泛征集民意。十几年来，浙江台州温岭市的干部群众已经习惯于在民主恳谈会上通过"参与式预算"的方式，管好政府"钱袋子"。在各乡镇人民代表大会召开之前，人大代表和民众代表分成经济发展、村镇建设、社会事业等多个小组，初审政府预算草案，提出修改意见；在各乡镇人民代表大会召开之后，成立5—8名人大代表组成的常设人大财经监督小组，协助监督预算执行并参与来年预算编制。四川成都的居委会则和社区组织一道，组织居民对每年政府拨付的社区公共服务资金的使用规划进行讨论。从票决社区内主要服务事项，到分配每一主要服务事项的预算资金，居民们也通过各种创新的基层协商民主方式，让决策更"接地气"。2022年3月，十三届全国人大五次会议共收到代表议案487件，涉及学前教育法、社会救助法、反电信网络诈骗法以及托育服务、养老服务等方面法律的制定，也涉及职业教育法、妇女权益保障法等法律的修改等，推动人民群众反映较多的民生领域突出问题以法治的方式解决。

全过程人民民主是真实保障人民权益的民主，回应民声是全过程人民民主的鲜明特点。如何充分利用新兴信息技术改善民意回应，中国一直在努力。16年前，在中国家喻户晓的人民网上开设了一个专门为部委和地方各级党委政府主要负责同志搭建的《领导留言板》栏目，各级领导干部可以直接通过这一平台倾听网民建议、回应网民诉求。

人民网《领导留言板》栏目

截至目前，全国31个省级行政区全部开展人民网网民留言办理工作，均出台留言办理工作制度化文件，各级领导干部通过平台解决网民诉求300多万件。这一平台，日益发展成集群众监督、政务点评、大数据分析于一体的网上群众工作综合性平台。

中国各地市政府设立的"12345"热线，是由电话"12345"、市长信箱、手机短信、手机客户端、微博、微信等方式组成的专门受理热线事项的公共服务平台，提供"7×24小时"全天候人工服务。2021年上半年，344条"12345"热线总体接通率为76.02%，平均接通时长10.16秒，让群众诉求畅通快捷地表达并得到回应。针对社会阶层日趋分化、利益诉求日趋多元的状况，全过程人民民主对于回应性特征一如既往地秉持，将在中国新发展阶段发挥更大的作用。

2021年11月30日，北京12345市民热线服务中心热线网络坐席在受理市民通过微信、微博等网络渠道反映的问题。

全过程人民民主是有效激发人民创造活力的民主，汇集民智是全过程人民民主的重要功能。中国一贯坚持"调动人民积极性是最大的民主"，中国基层自治有广大人民群众的有序参与。四川省广元市朝天区联合陕西省宁强县加强跨省际矛盾纠纷联调，汇集两地的老党员、老干部、老民警、老支书和老模范等德高望重的基层"五老"乡贤精英，通过互联网平台、两地调委会工作室等机制，与产生矛盾纠纷的村民谈心、聊天，两地联动共建川陕平安边界，极富时代感。

中国不少地区已经在党政干部的民主考评上作出新探索。从2019年开始，浙江省西南畲乡山区就让更多的人民群众参与对基层干部工作的考评。全县通过随机抽样、专业分布和个人意愿，选定百余位"两代表一委员"、村（社）干部代表、社会各界代表，他们不仅需要在一年中留心了解党政部门和干部的各方面工作，而且都被邀请参加全县年终考评大会，与全县副处级以上领导干部一起组成庞大的评委团，听取党政部门和干部以团队形式做的大会公开陈述，点评党政部门和干部工作并打分。整个考评会实时在全县电视、网络等媒体向全县公众直播，评委团意见作为部门单位干部年终考核的重要参考和下一年干部岗位调整的重要依据。

2019年1月,浙江省景宁县召开基层干部年终工作陈述会。

第二,人民民主本身的全过程性让人民依法当家作主不落空。

人民民主是一种全过程民主,民主选举是全过程人民民主的基础环节,关涉人民如何组织国家政权。人民通过选举、投票行使权利,选出代表自己意愿的人来掌握并行使权力,是中国民主的一种重要形式,是人民实现当家作主的重要体现。中国的选举是广泛的,有国家机构选举、村(居)委会选举、企事业单位职工代表大会选举等,涵盖了国家政治生活和社会生活的各个方面。中国的选举是平等的,人民的选举权和被选举权得到充分保障,一人一票、票票等值。中国的选举是真实的,不受金钱操控,选民按照自己的意愿选出自己信任的人；中国的选举是发展的，选举形式和手段随着经济社会的发展不断创新和丰富。

民主协商贯穿民主政治生活全过程，涉及全国各族人民利益的事情，在全体人民和全社会中广泛商量；涉及一个地方人民群众利益的事情，在这个地方的人民群众中广泛商量；涉及一部分群众利益、特定群众利益的事情，在这部分群众中广泛商量；涉及基层群众利益的事情，在基层群众中广泛商量，让广纳群言、广谋良策、广聚共识的效果更明显。

民主决策是全过程人民民主的关键环节，关涉国家政权的执政取向和运行方式。在民主集中制原则的基础上，通过科学化、民主化、程序化机制，听取人民群众的要求和呼声，集中人民的意志和智慧，通过科学程序识别并整合人民利益的整体性和差异性、全局性和局部性，分清轻重缓急，将人民群众的要求和期待转化为国家法律制度或是党和政府的方针政策。各级人民代表大会及其常务委员会，坚持"开门立法"，保障人民群众通过专题座谈、听证论证、意见征询、立法评估等途径参与立法活动，或者通过基层立法联系点，直接参与立法各环节。2019年1月，上海市人大就《上海市生活垃圾管理条例》公开征求意见，时年79岁的夏云龙先生建议按照大多数市民熟悉的四分法处理，并被采纳。夏云龙先生激动地说："这说明立法联系点的意见征集不是摆样子，老百姓的想法能在立法中切实得到体现。"各级人民政府就即将实施的重大决策和各方提出的重大决策建议，充分听取广泛意见，保障人民群众通过座谈会、公开征求意见、听证会、问卷调查、实地走访等多种途径参与决策各个环节。基层群众还通过村（居）民会议、村（居）民代表会议、村（居）民小组会议等形式，就经济社会发展、基础设施建设、社会综合治理、基层文化服务、生态环境保护、自治章程制定等基层治理的重大问题，自主参与决策。

民主管理是全过程人民民主实践的具体表现。中国人民弘扬主人翁精神，发挥主体作用，积极行使民主权利，管理国家事务，管理经济和文化事业，管理社会事务。广大群众行使宪法赋予的各项权利并承担法定责任和义务，以积极参加选举、协商、决策、监督等方式，在各个层级、各个领域参与国家政治生活和社会生活的管理，知情权、参与权、表达权、监督权得到保障。城乡社区居民结合本地实际，由村（居）民讨论制定村（居）民自治章程、村规民约、居民公约等，普遍实现在基层公共事务和公益事业中的自我管理、自我服务、自我教育、自我监督。314.4万家企业和大量事业单位的职工通过职工代表大会以及厂务公开、职工董事、职工监事等民主管理制度，实现与单位协商共事、机制共建、效益共创、利益共享。社会团体、基金会、社会服务机构等社会组织，普遍制定章程，加强组织成员管理，自主开展活动，在行业自律、社会服务、慈善事业等社会公共事务领域发挥民主管理作用。

民主监督是守护全过程人民民主的最后红线，关涉人民民主实现是否全过程都真实可靠。让权力在阳光下运行，使公共权力始终体现民心民意，一直是现代民主政治致力于解决的核心议题之一。中国的人民民主正是通过体系化的民主监督和其他民主环节合力形成一个全过程的完整链条，保证公权力始终体现"人民至上"。广大人民通过政党监督、人大监督、政协监督、行政监督、监察监督、司法监督、审计监督、财会监督、统计监督、群众监督、舆论监督等全方位、多元化、综合性的党和国家监督体系，在公权力行使的各个领域、各个方面和各个环节行使法定监督权。这种全方位、多元化、综合性的制度化监督体系方式，有利于体系内各类监督相互联系、相互配合，对于有效推进反腐败斗争、防范公共权力异化产生了积极成效，确保了公共权力按照人民的意志运行。

民主选举、民主协商、民主决策、民主管理和民主监督的制度设计和运行都秉持"人民至上"理念，以人民群众的利益和要求为出发点和归宿，既相互联系、相互渗透，又环环相扣、内在统一，覆盖各个领域，形成全链条、全方位、全覆盖的全过程人民民主。全过程人民民主以全过程有机贯通的方式，对于权利的维护和权力的限制双管齐下，既有效地确保了人民民主权利的全方位、全过程实现，也迎难而上致力于保证人民对公权力的监督和制约。于是，在民主的不同环节、不同领域、不同阶段，中国人民都能够真切地感知到依法当家作主的力量，都能够被激发出获得感、幸福感、安全感且不断得到提升。

第三，治理法宝让"人民至上"贯穿中国民主治理实践的全过程。

中国共产党从马克思主义认识论和本国国情出发，认识到社会主义民主政治的本质和核心就是人民当家作主，因此，治国理政必须着眼于"人民至上"的治理实效，着眼于调动基层和群众的积极性。着眼于民主治理实效，民主治理的决策只能来源于并紧扣广大人民群众的实践；着眼于调动人民的积极性，民主治理的过程就需要人民群众广泛、真实和有效的参与。群众路线作为中国共产党以"人民至上"的理念获民心、守民心的实现路径，早已成为伴随百年大党一路走来的治理法宝。

什么是群众路线？其基本内容是：一切为了群众，一切依靠群众，从群众中来，到群众中去。其基本工作框架是："将群众的意见（分散的无系统的意见）集中起来（经过研究，化为集中的系统的意见），又到群众中去作宣传解释，化为群众的意见，使群众坚持下去，见之于行动，并在群众行动中考验这些意见是否正确。然后再从群众中集中起来，再到群众中坚持下去。如此无限循环，一次比一次地更正确、更生动、更丰富。"毛泽东的这段论述已经成为中国共产党人对于群众路线的经典性集中表述与方法论要点阐释，并发展出两大内容：一方面，执政党和政府的任务是全心全意为人民服务，正确地给人民群众指出方向，支持和帮助人民群众实现民主，自己动手争取和创造幸福；另一方面，执政党和政府的领导正确与否取决于能否采取"从群众中来，到群众中去"的方法，先向人民群众学习，总结他们的经验，然后概括提高为指导工作的路线方针政策，也就是民主以后的集中。

社会主义建设的实践过程，就是要保证人民在实质上成为国家的主人。通过走群众路线的方式运行各项根本制度和基本制度，扩大人民群众有序政治参与，保证人民广泛参加国家治理和社会治理，使广大人民群众无论从形式上还是从实质上都成为国家的主人，真正实现人民当家作主。千千万万的普通人民群众通过各个领域的民主制度和各个层次的民主渠道，共同行使管理国家事务、管理经济和文化事业、管理社会事务的权利。

执政党和政府一方面紧扣"人民至上"的思想内核始终如一地坚持和践行，另一方面随着时代特点的变化和人民群众的诉求特征不断更替发展、深化完善治理，真正将群众路线贯彻到治理过程。有的借社会组织搭建起干群沟通的桥梁，以专题式社会组织或枢纽型社会组织组建或培育群众参与共治；有的以稳定持续为目标，为群众搭建民主议事会等协商平台，提升人民群众在民主协商和民主监督方面的能力和效果，或者分层次、分阶段构建党员干部联系服务群众的长效机制，科学细化解决服务群众"最后一公里"的要点；还有的整合监事会、"双述双评"（即村民民评、村述镇评，村干部既向乡镇党委述职又向群众述职，既接受组织评价又接受群众评价）等的民主监督举措，问效于民。

（四）全过程人民民主广泛真实有效的中国密码

民主是一个系统化的存在。为什么中国会提出"全过程人民民主"的概念？这是因为，社会科学和自然科学同时作为客观世界的组成部分，具有相通共识的一面；民主作为社会科学的一个重要概念，也和自然科学的很多现象类似，是一个内在的整体、一项系统治理工程。既然是一个整体、一个体系，就存在着从物理到化学、从生物性存在到人类社会的连续链条，就是一个不可被随意打断的链条。系统化的存在需要系统化的实现路径。

民主不是虚无缥缈的执念，而是紧密联系现实的治理实践；民主无法单独作为一项价值而被讨论，民主和治理往往一体两面，但这并不意味着民主就等同于治理。建立了民主制度，并不必然就能实现有效治理。从历史的角度来看，建立民主制度与实行有效治理，需要不同的条件。全面理解和正确处理民主与治理绩效的关系，倡导实现民主与治理绩效的有机统一，是中国共产党成立一百多年来历经磨难、在革命与建设过程中千锤百炼之后得来的宝贵经验，同时也为中国进一步解放思想、创新促进公共事务治理的理论与方法，开辟了更为广阔的空间。

民主的实现，需要具备一系列治理要素并能够系统化统合起来。首先，民主自身必须具备一整套系统集成的人民当家作主制度体系并将这一制度体系高效有序地运转起来。其次，必须有一个能够保障公民权利和制约公权力腐败行为的法治构架，把已经稳定成熟的民主形式法制化，让法治成为有效提升民主体制治理绩效的保障。为了保证上述两点落到实处而不停于纸面，还需要一个能够全心全意为人民利益着想的领导核心，它不能有自己的集团私利，也不能被任何资本、阶级或其他集团利益绑架。唯有如此，它才可能具备不可替代的领导力，也才可能拥有不容置喙的长期执政合法性。

社会主义中国完美地集合了上述几大要素条件，中国共产党有效领导人民在有序框架内当家作主，让全过程人民民主的实现有了保障。最主要的是，坚持中国共产党的全面领导。最关键的是，推进全面依法治国，在法治保障中、在法治轨道上，积极推进全过程人民民主，健全全面、广泛、有机衔接的人民当家作主制度体系，实现国家治理体系和治理能力现代化。新时代发展全过程人民民主的重大理念和实践要求与坚持党的全面领导、人民当家作主、全面依法治国的有机统一既一脉相承又与时俱进，贯穿始终的"人民至上"理念深刻体现了不以资本和少数精英为中心的人民性，让坚持"三者有机统一"成为可能。

这就是为什么中国国情如此复杂，治理难度史所罕见、世所罕见，但依然能保持社会的和谐稳定；这就是为什么中国用几十年的时间就走完了西方发达国家几百年的工业化历程，在剧烈的社会变革当中，没有发生后发国家在现代化进程中容易出现的社会动荡，不仅创造了经济快速发展奇迹，也创造了社会长期稳定奇迹；这就是为什么中国的社会一方面保持开放自由，一方面又能保持团结有序，在火热的民主治理实践中，秉持"人民至上"的新时代探索创新，党的全面领导、人民当家作主、全面依法治国有机统一起来并得以持续性地与时俱进。

中国的人民民主，以全过程践行"人民至上"理念的方式，实现各方面意志和利益的协调统一，实现各方面在共同思想、共同利益、共同目标基础上的团结一致，人民的创新源泉充分涌流、创造活力竞相迸发，社会和谐稳定、生机勃勃，全过程人民民主的道路越走越宽广。

四 全过程人民民主的显著优势

中国的全过程人民民主，符合中国国情和时代特征，适应中国发展要求，最能鲜明体现中国共产党领导下的人民当家作主，最能广泛反映人民群众的民主意志和政治要求，最能切实保障人民群众的根本利益，从根本上调动人民群众的积极性、主动性、创造性，最能有效维护国家统一、民族团结、社会稳定，最能形成集中力量办大事的优势，对于推动中国社会主义现代化事业不断向前发展具有重大意义。全过程人民民主与西方式民主相比，不仅在理论上具有无可比拟的显著优势，而且在实践中发挥了巨大威力和作用，现实成效特别突出。

（一）保证人民当家作主

人民当家作主，是社会主义民主政治的本质和核心。

在今天的中国，人民参与国家和社会事务管理的意愿不断增强，参与的广度和深度也在不断拓展。中国的民主，不仅在民主选举环节规定了相关的民主程序，而且还在民主协商、民主决策、民主管理、民主监督环节也设置了相关的程序，实现了民主各环节的贯通，形成了民主的完整链条，充分保障了人民的知情权、参与权、表达权、监督权，建立了科学完善的利益协调、矛盾化解、诉求表达、决策参与和应急管理等机制。这种全过程人民民主，保证人民既参与国家和社会事务管理，又参与经济和文化事业管理；既参与国家发展顶层设计的意见建议征询，又参与地方公共事务治理；保证政府能及时有效发现和解决苗头性问题，做到"明察秋毫""防患未然"。中国人民享有着广泛充分、真实具体、有效管用的民主。

2019年春节前夕，习近平总书记走进位于北京前门草厂四条44号院内的"小院议事厅"，来自街道、社区、居民等方面的代表正在这里召开胡同院落提升改造恳谈会。习近平总书记同正在议事的居民交谈时指出："设立'小院议事厅'，'居民的事居民议，居民的事居民定'，有利于增强社区居民的归属感和主人翁意识，提高社区治理和服务的精准化、精细化水平。"这个"小院议事厅"，鲜明诠释着中国民主是最广泛、最真实、最管用的人民民主。

最广泛，是说它能最大限度反映民意、集中民智、凝聚民心，保障全体人民都能有效参与人民民主实践。中国的民主是人民民主。中国所有政治制度的构建和运行都是围绕人民来进行的。中国通过宪法、人民代表大会制度、中国共产党领导的多党合作和政治协商制度、民族区域自治制度、基层群众自治制度等多种法律、制度安排,有效保证人民享有更加广泛、更加充实的权利和自由,保证人民广泛参与国家治理和社会治理。在《中华人民共和国宪法》保障下,中国人民既广泛参与国家、社会事务和经济文化事业的管理,也在日常生活中广泛、充分行使民主权利,每个人都有多重民主角色,都享有相应民主权利。以人民代表大会制度为例,这一制度的核心是保证国家的一切权力属于人民,人民通过人民代表大会统一行使国家权力,国家机关行使决策权、执行权、监督权,既合理分工又相互协调,有利于促使各类国家机关提高能力和效率、增进协调和配合,保证国家机关统一有效组织各项事业。

最真实,是说它不搞"民主秀",保证党和国家每一项立法、决策都体现人民意志、符合人民意愿。一个国家民主不民主,关键在于是不是真正做到了人民当家作主。实现人民当家作主,就要做到人民利益需求既能畅通表达,也能有效实现。人民意愿只能表达、不能实现,就不是真正意义上的民主和当家作主。在中国,人民的意愿和期盼、希望和诉求、意见和建议,不仅可以通过人大、政协等渠道表达,还可以通过听证会、电视网络问政、政务公开、领导热线、监督举报和意见征集等方式表达。

比如，前些年，在社区和农村，因家庭暴力催生了一些令人痛心的社会问题。几位人大代表一起向全国人大提交了关于反家庭暴力法的议案。2016年，《中华人民共和国反家庭暴力法》正式施行，有效保护了中国妇女儿童的合法权益。又如，2019年10月31日至11月29日，《中华人民共和国未成年人保护法（修订草案）》和《中华人民共和国预防未成年人犯罪法（修订草案）》公开向社会征求意见，最后共有约4.7万人提出超过5.7万条意见，未成年人的意见占近一半。2020年10月，全国人大常委会表决通过新修订的《中华人民共和国未成年人保护法》，删去了修订草案中有关未成年人监护人"缴纳和没收保证金"的规定。这一修改，来自华东政法大学附属中学一名普通中学生李骏豪的建议。这也是全国第一个中学生提出的修改意见被采纳的案例。以上都是中国民主具有广泛性和真实性的具体体现。墨西哥城市自治大学教授海因茨·迪特里希表示，中国民主符合中国基本国情和实际，体现的是人民意愿。中国式民主不仅体现在民主选举中，也广泛体现在日常生活中，是有效的民主制度。

最管用，是说它通过一系列制度安排，让全体人民参与国家治理活动，将人民意志有效转化为国家大政方针、政策，切实维护人民群众根本利益。全过程人民民主不仅追求过程的民主性，还追求使人民的意愿诉求既能充分表达又能有效实现。

比如，2017年7月，国务院法制办就《快递条例（草案）》向社会公开征求意见。山西省运城市一名"快递小哥"李朋璇在"2018'我向总理说句话'网民建言征集活动"中，写下了关于"农村生鲜快递易腐烂赔偿贵，盼能买保险"的留言。2018年1月31日，在李克强总理听取科教文卫体界人士和基层群众代表对《政府工作报告（征求意见稿）》的意见和建议时，作为基层群众代表，李朋璇就自己从事的物流行业日常工作中存在的问题，当面向总理建言："第一是物流业和保险的结合问题，第二是物流车辆的准入问题。"2018年3月，他的建议被写进《快递暂行条例》，让水果等生鲜快递有了保险。

2018年1月，"快递小哥"李朋璇参加《政府工作报告（征求意见稿）》的意见座谈会。

在中国,正是因为有全过程人民民主的制度设计,普通中学生才能参与修定国家法律,李朋璇这样的普通快递从业人员才能参与国家大计的共商。

(二) 有效激发创造活力

全过程人民民主是全方位、广覆盖的民主,这种民主方式重视全体人民的首创精神,充分尊重不同民族、种族、性别、职业、家庭出身、宗教信仰、教育程度、财产状况、居住期限的人民。

对于中国这样一个人口多、体量大、人均资源禀赋处于世界较低水平的最大发展中国家来说,没有人民的主人翁地位和主人翁精神,没有亿万人民的团结奋斗,不把蕴藏在人民群众之中的不竭创造力量释放出来,不把人民群众的聪明才智发挥出来,要想实现经济又好又快发展是不可能的。

1978 年 12 月,中共十一届三中全会作出实行改革开放的历史性政策。中国的改革首先从农村开始。1978 年以前的安徽省凤阳县小岗村,是全县有名的"吃粮靠返销,用钱靠救济、生产靠贷款"的"三靠村"。1978 年 11 月 24 日,小岗村 18 户农民以敢为天下先的胆识,按下了 18 个手印,搞起"分田到户,自负盈亏"的家庭联产承包责任制。

就在这些农民按下手印后不久，中共十一届三中全会召开，拉开了改革开放和开创中国特色社会主义的大幕。邓小平曾说，农村搞家庭联产承包，这个发明权是农民的。农村改革中的好多东西，都是基层创造出来，我们把它拿来加工提高作为全国的指导。

改革开放是中国共产党一次伟大觉醒。改革开放40多年来，正是亿万中国人民群众在波澜壮阔的改革进程中，迸发出无穷的创造活力和澎湃的发展激情，破解了一道道发展难题，才让中国人民的生活在短短几十年间，实现了由贫困到温饱、由总体小康再到全面小康的翻天覆地变化，国家发展取得举世瞩目的伟大成就，经济实力、综合国力显著提升，14亿多中国人民彻底摆脱了绝对贫困，确保了人人有饭吃、人人有房住、人人有学上、人人有医疗，织就世界最大的社会保障网。

全过程人民民主有效体现人民意志、保障人民权益，注重依靠人民群众，尊重人民主体地位，重视加强和创新社会治理，问政于民、问需于民、问计于民，有效调动人民群众的积极性、主动性、创造性，有效推动了经济发展和社会进步，为中国式现代化提供了源源不断的动力。全过程人民民主所关注与应对的问题，并不局限于某个单一领域，经济发展、社会治理、老百姓急难愁盼问题等都可以纳入议事日程。中国法律规定，各类基层组织都要通过一定形式组织其成员参与民主管理。在党政机关、企事业单位和其他社会组织，工会都会定期组织召开职工代表大会，对事关职工利益的重要事项进行研究讨论；在社区和农村，也通过召开居民代表大会和村民代表大会，决定和管理辖区范围内的公共事务和公益事业。可以说，在中国，无论你从事什么职业、无论你住在哪里，都有参与国家和社会管理的机会和渠道，"人人都是主人翁"绝对不是一句空话。

全过程人民民主，真正把发展为了人民、发展依靠人民、发展成果由人民共享落到实处，充分调动起人民的主观能动性，这是中国民主的力量，是中国之治的"密码"。在中国的日常决策中，一个项目该不该上马，一项改革举措要不要推出，经济发展与环境保护怎样统筹……任何一项关乎全局的重大决策，都是经过充分的民主程序，最大限度地运用民主的办法汇集各方面的意见后作出的。从重大政策制定来看，发扬民主才能凝聚集体智慧。

2021年11月11日，中国共产党第十九届中央委员会第六次全体会议通过的《中共中央关于党的百年奋斗重大成就和历史经验的决议》（以下简称《决议》），就是一个很好的例证。《决议》起草过程几上几下、反复讨论修改，覆盖了八个民主党派、全国工商联和无党派人士的意见和建议。起草组还根据各地区、各部门、各方面对决议征求意见稿反馈的 1600 余条意见和建议，增写、改写、精简文字共计 547 处，反馈意见吸收率达 24.6%，做到能吸收的尽量吸收，力求使《决议》最大限度体现全党、全国人民的意志。全过程人民民主，充分彰显了人民的主体地位，极大地增强了人民的主人翁意识，人民既是民主的参与者，也是民主的受益者。人民的智慧和力量充分激发，既为自己，也为国家、为民族拼搏奋斗。

（三）有效汇聚智慧共识

一些西方国家的人们很好奇，中国国情这么复杂，为什么中国政府在制定规划时，不仅仅有年度规划、5 年规划，而且还规划有 15 年、30 年的发展路线图，甚至 50 年、100 年的奋斗时间表。这主要得益于长期执政的中国共产党处在总揽全局、协调各方的地位，能够有效团结各方面人士投身社会主义现代化建设事业，领导中国社会朝着认准的宏伟目标一以贯之不懈奋斗。当一些西方国家的政党为讨好少数利益集团而损害其他社会群体利益，为上台执政而做不负责任许诺、提不切实际目标的时候，中国共产党始终做到不忘初心、牢记使命，自信从容、行稳致远，致力于为最广大人民的最大利益、最根本利益、最长远利益而努力奋斗，让一个饱经沧桑而又生机勃勃的国家在一代接着一代干、一棒接着一棒跑中实现一个又一个伟大飞跃。还有一个更深层次的原因在于，中国的社会主义制度决定了全体中国人民在根本利益上高度一致，并在此基础上形成了整体的意志和集中的力量。

正是因为中国共产党能够真正代表人民，人民也相信中国共产党和中国政府，历史和人民才选择了中国共产党。这种选择和相信来源于中国共产党自身追求民主，追求始终保持为人民谋幸福的初心使命和实际行动。基辛格有一句著名的论断：中国人总是被他们之中最勇敢的人保护得很好。关键时刻的中国共产党人，就是这样的"最勇敢的人"。中国共产党一切行动所要围绕的，都是"人民"二字。

中国共产党在不同历史时期，总是根据人民意愿和事业发展需要，提出富有感召力的奋斗目标，团结带领人民为之奋斗。中国共产党和国务院制定发展目标和实施一系列国民经济和社会发展规划，就是全过程人民民主的生动体现。比如，"两个一百年"目标是几代中国共产党人在带领全国人民致力于实现民族伟大复兴的历史创造活动中形成和完善的。

新中国成立后，毛泽东提出要使中国变成富强的国家需要50年到100年的时光的设想和"四个现代化"的宏伟目标。1956年，党的八大通过的《中国共产党章程》，把

"四个现代化"写进总纲。以邓小平同志为主要代表的中国共产党人，确立了到20世纪末国民生产总值比1980年翻两番、实现小康社会的战略目标，并提出了到21世纪中叶基本实现现代化的战略设想。在40多年改革开放伟大奋斗历程中，"两个一百年"奋斗目标逐步确立和不断完善。党的十八大以来，以习近平同志为主要代表的中国共产党人提出在新的历史起点上继续推进"两个一百年"目标的胜利实现。党的十九大将实现第二个百年奋斗目标分为两个阶段，即到2035年基本实现社会主义现代化，到2050年建成社会主义现代化强国。

按照党的十九大的战略安排，党的十九届五中全会通过的《中共中央关于制定国民经济和社会发展第十四个五年规划和二〇三五年远景目标的建议》（以下简称"十四五"规划），又对到2035年基本实现社会主义现代化的目标作出了进一步部署。在"十四五"规划形成过程中，习近平总书记多次深入地方考察调研，主持召开7场座谈会，广泛听取各领域、各阶层人士意见建议；全国人大常委会开展专题调研，形成22份调研报告；有关部门通过互联网向全社会征求意见和建议，收到人民建言101.8万条，从中整理出1000余条建议。"十四五"规划草案提请十三届全国人大四次会议审议后，根据全国人大代表、全国政协委员的意见，作出了55处修改。可以说，"十四五"规划的起草过程既是充分发扬民主、有效汇聚智慧共识的鲜明体现，也是中国全过程人民民主制度优越性的生动注解。

（四）有效巩固安定团结

"团结就是力量，这力量是铁，这力量是钢。"《团结就是力量》这首革命歌曲创作于1943年6月。在河北省平山县北庄村唱响后不久，迅速传遍燃烧着抗日烽火的中华大地，至今仍被亿万中国人民传唱。这首歌中蕴含着新中国不断走向强大的精神密码——团结。旧中国一盘散沙、四分五裂，常令中国人民扼腕叹息。昔日的"散"同今日的"合"形成鲜明对比，究其原因，其中就有全过程人民民主发挥的作用。中国有句俗话："人心齐，泰山移。"新中国之所以有力量，在于中国共产党和中国政府始终发展全过程人民民主，坚决巩固发展团结稳定的政治局面，把统一战线摆在重要位置，统筹做好民主党派和无党派人士工作、党外知识分子工作、民族工作、宗教工作、非公有制经济领域统战工作、新的社会阶层人士统战工作、港澳台统战工作、海外统一战线工作和侨务工作等，广泛凝聚共识，广聚天下英才，团结一切可以团结的力量、调动一切可以调动的积极因素，维护国家统一和民族团结。

中国共产党领导的多党合作和政治协商制度有一个重要的机构——中国人民政治协商会议。这一机构，是中国政治生活中发扬社会主义民主的重要形式，是社会主义协商民主的重要渠道和专门协商机构，是国家治理体系的重要组成部分。团结和民主是这一机构的两大主题。中国人民政治协商会议全国委员会简称全国政协，其下设34个界别，由中国共产党、各民主党派、无党派人士、人民团体、各少数民族和各界的代表，香港特别行政区同胞、澳门特别行政区同胞、台湾同胞和归国侨胞的代表以及特别邀请的人士组成。全国政协十三届一次会议共有委员2100多人，其中非中共党员占60.2%。这样的组织构成，体现了中国

2021年12月13日，全国政协在北京召开"全面加强新时代中小学劳动教育"远程协商会。

特色的制度安排，有利于正确处理政党、民族、宗教、阶层、海内外同胞等一系列事关国家前途命运的重大关系，最大限度凝聚起共同团结奋斗的强大力量。

安定团结的政治局面关系人民福祉和国家稳定。新中国成立后，在几十年的时间里，国内既没有经历过战争，也没有出现过大的冲突和纷争，亦没有发生发展中国家在现代化进程中容易出现的社会动荡，创造了经济快速发展和社会长期稳定两大奇迹。这其中很重要的一个原因，就是中国通过完善社会主义民主制度，充分保障了人民群众依法行使民主权利。各党派、各团体、各民族、各阶层和各界人士，无论从事何种职业、具有何种信仰，都享有平等的政治权利、享有充分的自由，在共同的政治基础上充分表达不同的意见和诉求，能够最大限度地凝聚起各方面、各阶层、各民族的共同意志。

在中华民族大家庭里，全过程人民民主能够起到"一锚定乾坤"的作用，确保国家政权高度稳定，强化全体人民对统一国家的意识，不断增强政治认同、情感认同和文化认同，切实防止在西方民主实践中容易出现的一盘散沙、党争纷沓、相互倾轧、民族隔阂、民族冲突等现象，从而有效维护国家独立自主，有效维护国家统一和民族团结，有力地维护国家主权、安全、发展利益，确保各民族的安定团结和国家的长治久安。

（五）有效凝聚社会合力

全过程人民民主，实现了各方面在共同思想、共同利益、共同目标基础上的团结一致，形成了集中力量办大事的制度优势。这种集中不是为了一人、一党、一集团的私利，而是为了统筹安排资源，有效推进国家现代化建设、应对各种风险挑战。

中国的历史文化传统和国情对当代中国民主有着深刻影响。在几千年历史长河中，中国人民团结一心、同舟共济，建立了统一的多民族国家，形成了守望相助的中华民族大家庭，也形成了集中力量办大事的国家治理特色。

全过程人民民主，在充分发扬民主的基础上集中各方意见，能够汇聚各方面的智慧和力量，形成统一意志和统一行动，有效促进社会生产力解放和发展，促进现代化建设各项事业，促进人民生活质量和水平不断提高。邓小平指出："社会主义同资本主义比较，它的优越性就在于能做到全国一盘棋，集中力量，保证重点。"习近平强调："我们最大的优势是我国社会主义制度能够集中力量办大事。这是我们成就事业的重要法宝。"尼日利亚中国研究中心主任查尔斯·奥努纳伊朱表示，中国共产党之所以能够"集中力量办大事"，是因为中国人民相信党和政府，支持并积极参与国家治理。

正是因为新中国能充分发挥集中力量办大事的优势，才在短短70多年间，聚焦全局性、战略性、长远性目标任务，在重大科技攻关、区域协调发展、重大工程建设、生态环境保护、"一带一路"建设、防范化解重大风险等方面，实施了一个个重大战略，办成了一件件大事，完成了一个个重大工程，攻克了一个个发展难题，战胜了一个个风险挑战，取得了一个个重大成就，把许多不可能变成了可能，创造了难以想象的奇迹。办成的这些大事，体现人民整体意志，符合人民根本要求，代表人民长远利益。

中国集中力量办大事的显著优势，也体现在抗洪抢险、抗击"非典"、抗震救灾、抗击新冠肺炎疫情等一系列重大突发事件中，让中国多次在较短时间内战胜风险挑战。2020年初以来在全球范围内暴发的新冠肺炎疫情，是百年来人类遭遇的影响范围最大的全球性大流行病，对全世界是一次严重危机和严峻考验。中国坚持人民至上、生命至上，把保障人的生命安全和健康放在第一位。

面对病毒频繁变异，中国坚持"外防输入、内防反弹"总策略、"动态清零"总方针，持续提升全民疫苗接种率，为有效统筹疫情防控和经济社会发展打下坚实基础。中国不仅实现了本国经济的稳定运行，还携手贸易伙伴，共同维护了全球产业链、供应链的稳定，为全球疫情防控、世界经济复苏提供了有力支撑。新冠肺炎疫情在全球蔓延时，仅2021年，中国就向120多个国家和国际组织提供了超过20亿剂新冠疫苗，是对外提供疫苗最多的国家。

了解中国减贫故事的人们都高度认同，中国持续开展的以农村扶贫开发为中心的减贫行动，也是一次中国共产党的领导和举国体制、集中力量办大事的制度优势的胜利。党的十八大以来，中国共产党作出坚决打赢脱贫攻坚战的战略部署，明确目标任务，汇聚全党全国全社会之力打响脱贫攻坚战。经过八年持续奋斗，到2020年底，中国如期完成新时代脱贫攻坚目标任务，现行标准下9899万农村贫困人口全部脱贫，832个贫困县全部摘帽，12.8万个贫困村全部出列，区域性整体贫困得到解决。中国在减贫事业上取得的巨大成就，不仅改写了中国人权事业发展史，也创造了世界人权保障新奇迹，提前10年实现了《联合国2030年可持续发展议程》的减贫目标，显著缩小了世界贫困人口的版图，大大加快了全球反贫困进程，对全球减贫贡献率超过70%。同时，为了保护减贫成果，中国的"十四五"规划提出走中国特色社会主义乡村振兴道路，加强对农村低收入水平的居民的实际监测和提供更多的技能培训以及常态化、科学性的帮扶，防止出现返贫的问题。

（六）有效提升治理效能

治大国难，治发展中国家也难，治世界上最大的发展中国家可谓难上加难。中国体量巨大、国情复杂，有14亿多人口，有位居世界第三的国土面积，有56个民族，生产力发展具有多层次特征，各地经济社会发展情况差异大，社会结构处在深刻变革期，社会矛盾易发多发，治理难度世所罕见，如果没有集中统一、坚强有力的领导力量，中国将走向分裂和解体，给世界带来灾难。

中国共产党和中国人民在推进民主建设过程中，为了防止国内形成价值对立，增加达成共识的成本，创造出了社会主义协商民主这一中国特有的民主政治形式。协商民主萌发于中国抗日革命根据地的统一战线，成长于社会主义建设时期的政治协商，完善于改革开放时期的民主创新。中国共产党通过协商民主，建立了人民共和国和人民民主政权，确立了中国共产党领导的多党合作和政治协商制度，充实和巩固了基层群众自治制度。协商民主的长期发展和深入实践，极大丰富了民主的形式、拓展了民主的渠道、深化了民主的内涵，有力提升了国家治理效能，彰显出中国民主的独特优势。

协商民主是全过程人民民主的一种重要形式，贯穿政治协商、民主监督、参政议政全过程，具有显著治理效能。

2021年6月25日，重庆市长寿区政协"渝事好商量"基层协商活动走进长寿湖镇龙沟村。

从协商的原则来看，协商民主坚持求同存异、理性包容，坚持有事多商量、遇事多商量、做事多商量，及时回应人民群众所思所盼，既尊重多数人的意愿又照顾少数人的合理要求，既着眼长远利益又兼顾当前实际困难和问题，有效克服了一些不同利益集团、利益群体为自身利益相互竞争甚至相互倾轧，促进了社会和谐稳定。

从协商的过程来看，协商民主坚持协商于决策之前和决策实施之中，协商的过程就是发扬民主、集思广益的过程，就是交流思想、凝聚共识的过程，就是科学决策、民主决策的过程，通过政党协商、人大协商、政府协商、政协协商、人民团体协商、基层协商、社会组织协商等，可以使越来越多来自基层的声音直达各级决策层，使越来越多的真知灼见转化为党和政府的重大决策，使各项决策更顺应民意、更切合实际、更符合经济社会发展规律，可以有效克服决策中情况不明、自以为是的弊端，有效防止决策盲目化、草率化、迟滞化倾向，促进科学民主决策。

从协商的目标来看，协商民主坚持协商为民，协商的过程就是实现人民当家作主的过程，协商以解决改革、发展、稳定重大问题和涉及群众切身利益的实际问题，不断满足人民对美好生活的期待，有效促进了中国共产党和人民群众同心同向，巩固和扩大了党的长期执政基础。

从协商的范围来看，协商民主是多层次、宽领域的，协商的内容包括发展好各项事业，目的就是要通过民主集中制的办法，广开言路，博采众谋，凝心聚力，有利于形成人民群众广泛参与各层次管理和治理的机制，有效克服人民群众在国家政治生活和社会治理中无法表达、难以参与的弊端，有利于促进国家长治久安。坚持紧紧依靠人民，充分发挥人民主体作用，是协商民主能够提高国家、社会治理效能的重要原因。

中国发展的目的是赢得尊严、安全和未来，让历经苦难的中国人民过上幸福美好生活。在实现这个目标的过程中，中国自然而然地发展、强大起来了。中国在过去几十年里，经济保持了高速增长，若没有民主政治建设做保障，没有社会的稳定发展，这样的增长速度是不可想象的。从促进经济社会的发展进步、保证发展成果为广大人民所享用角度看，中国的民主制度无疑是有明显优势的。

现在的中国，人权得到充分尊重和有效保障，中国人民的获得感、幸福感、安全感不断提升，生存权、发展权、健康权得到充分保障，经济、政治、文化、社会、环境等方面权利不断发展。在今日之中国，人民享有权利的内涵不断丰富、外延不断拓展。中国共产党和中国人民在这些成绩面前没有自我满足，而是更加清醒地认识到，作为一个历史上曾经遭受欺凌、蒙受屈辱的发展中大国，再加上受几千年封建传统的影响，中国的民主制度还存在不够成熟和完善的地方，仍存在一些亟待解决的问题。但是，中国的全过程人民民主具有与时俱进的品格，是充满生机活力的社会主义民主。全过程人民民主在中国的伟大民主实践中成长，也必将在新时代新征程中不断得到新的发展。

五　全过程人民民主塑造中国美好未来

党的十八大特别是党的十九大以来，中国共产党提出全过程人民民主理念并大力推进。全过程人民民主将民主价值和理念科学有效地转化为制度安排和具体现实的民主实践。全过程人民民主与全体人民共同富裕、全面建设社会主义现代化强国一样，都以人民为中心，以高质量发展为前提，它们相得益彰、彼此促进。不断发展的全过程人民民主，将人民群众的个人理想、家庭幸福与国家富强、民族复兴的伟业紧密相连，塑造着中国美好未来。

（一）创造更美好生活

让人民生活幸福美好是"国之大者"。全过程人民民主保障和实现人民广泛真实权利，为人民过上美好生活提供了坚强保障。人民群众对美好生活的需求，是多样的、多层次的。人民期盼有更好的教育、更稳定的工作、更满意的收入、更可靠的社会保障、更高水平的医疗卫生服务、更舒适的居住条件、更优美的环境、更丰富的精神文化生活。中国的全过程人民民主，践行以人民为中心的发展思想，不断促进人的全面发展和全体人民共同富裕，更好满足人民对美好生活的向往。

2021年中国全面建成小康社会，14亿多中国人民彻底摆脱了绝对贫困，正向全体人民共同富裕迈进。共同富裕是社会主义的本质要求，是人民群众的共同期盼。为扎实推进共同富裕，2021年6月10日，《中共中央、国务院关于支持浙江高质量发展建设共同富裕示范区的意见》发布。该意见赋予浙江重要示范改革任务，先行先试、作出示范，为全国推动共同富裕提供省域范例。预计到2025年，浙江省推动高质量发展建设共同富裕示范区将取得明显实质性进展。到2035年，浙江省高质量发展将取得更大成就，基本实现共同富裕。具体来说，未来十年，浙江将通过提高发展质量效益，拥有共同富裕的物质基础。在收入分配制度改革进程中，浙江人民增加收入的渠道更加多样。通过缩小城乡区域发展差距，浙江将在更高水平上实现幼有所育、学有所教、劳有所得、病有所医、老有所养、住有所居、弱有所扶，让人民群众真真切切感受到看得见、摸得着的共同富裕。浙江在开展共同富裕示范区建设中形成的可复制推广的经验做法，将为中国其他地区分梯次推进、逐步实现全体人民共同富裕作出示范。

教育是攸关国家发展、民族兴衰的"百年大计"，也是寄托亿万家庭对美好生活期盼的民生工程。"公平"和"质量"，是中国通过民主塑造教育事业改革和发展的关键词。在实施第十三个五年规划时期（以下简称"十三五"时期，即2016—2020年），中国教育公平和质量得到较大提升，各级教育普及程度达到或超过中高收入国家平均水平。无论是在偏远山村还是繁华都市，孩子们幸福的笑脸、老百姓真切的获得感，都是教育改革发展成就最直观、最生动的体现。"十四五"时期（即2021—2025年），中国将继续推进基本公共教育均等化，高中阶段教育毛入学率提高到92%以上。完善普惠性学前教育和特殊教育、专门教育保障机制，将学前教育毛入园率提高到90%以上。在职业教育领域，将建设一批高水平职业技术院校和专业，深化职普融通，实现职业技术教育与普通教育双向互认、纵向流动。高等教育分类管理和高等学校综合改革得到进一步推进，高等教育体系更加多元，高等教育毛入学率提高到60%。到2025年，中国全民受教育程度将进一步提升，劳动年龄人口平均受教育年限提高到11.3年。

推进健康中国建设，是党对人民的郑重承诺。截至2019年底，中国人均预期寿命提高到77.3岁，孕产妇死亡率降低至17.8/10万，婴儿死亡率降低至5.6‰；群众看病就诊更加便利，87%以上的居民15分钟内能够到达最近的医疗点；基本医保覆盖13.5亿人，参保率稳定在95%以上……这份"十三五"时期的健康"成绩单"有力证明，健康中国不是一个口号，而是实实在在的民生获得感。人民健康是社会文明进步的基础，是民族昌盛和国家富强的重要标志。在《中华人民共和国国民经济和社会发展第十四个五年规划和2035年远景目标纲要》中，"全民健康保障工程"从六个主要方面进行了规划，包括：

（1）疾病预防控制：启动中国疾病预防控制中心二期项目，依托现有疾控机构建设15个左右区域公共卫生中心，升级改造20个左右国家重大传染病防控救治基地，20个左右国家紧急医学救援基地。

（2）国家医学中心：加强国家心血管、呼吸、肿瘤、创伤、儿科等医学中心建设。聚焦重大病种，打造若干引领国内、具有全球影响力的高水平医学中心和医学创新转化中心。

（3）区域医疗中心：支持高水平医疗机构在外出就医多、医疗资源薄弱的省份建设一批区域医疗中心，建成河北、河南、山西、辽宁、安徽、福建、云南、新疆等区域医疗中心。

（4）县级医院：推动省市优质医疗资源支持县级医院

发展，力争新增500个县级医院（含中医院）达到三级医院设施条件和服务能力。

（5）中医药发展：打造20个左右国家中医药传承创新中心，20个左右中西医协同旗舰医院，20个左右中医疫病防治基地，100个左右中医特色重点医院，形成一批中医优势专科。

（6）全民健身场地设施：新建、改扩建1000个左右体育公园，建设户外运动、健身休闲等配套公共基础设施。推进社会足球场地和体育健身步道建设。

这表明，未来在坚持基本医疗卫生事业公益属性的基础上，中国将继续深化医药卫生体制改革，加快优质医疗资源扩容和区域均衡布局。在建立稳定的公共卫生事业投入机制的同时，中国将持续改善疾控基础条件，完善公共卫生服务项目，强化基层公共卫生体系。随着健康教育和爱国卫生运动的蓬勃发展，人民的生活方式更加文明健康，精神卫生和心理健康将愈加受到重视。

"十三五"时期，中国城镇棚户区住房改造开工超过2300万套，上亿居民"出棚进楼"，住房条件得到极大改善。在"十四五"规划纲要中，完善新型城镇化战略、提升城镇化发展质量是值得关注的重要篇章之一。到2025年，中国将加快推进城市更新，改造提升老旧小区、老旧厂区、老旧街区和"城中村"等存量片区功能，推进老旧楼宇改造，积极扩建、新建停车场、充电桩。到2035年，中国城市设计和风貌将进一步优化，涌现越来越多适用、经济、绿色、美观的新建筑。中国共产党向人民承诺，房子是用来住的，不是用来炒的。未来，中国多主体供给、多渠道保障、租购并举的住房制度将更加完善，全体人民必将住有所居、住有宜居。

今昔对比，过去是棚户区，今天变身为网红公园（广东省江门市）。

社会保障是保障和改善民生、维护社会公平、增进人民福祉的基本制度保障，是实现广大人民群众共享改革发展成果的重要制度安排。"十三五"时期，中国建成世界规模最大的社会保障体系，基本医疗保险覆盖超过13亿人、基本养老保险覆盖超过10亿人。面对新技术新业态新模式的迅猛发展，中国推出多种手段，维护好快递员、网约工、货车司机等就业群体的合法权益。建立健全困难群众帮扶工作机制，把党和政府的关怀送到困难群众心坎上，让他们感受到社会主义大家庭的温暖。到2025年，中国的多层次社会保障体系将更加健全，基本养老保险参保率提高到95%，卫生健康体系更加完善，人均预期寿命提高1岁。

绿色低碳成为新时尚。到2025年，中国人民的生产生活方式绿色转型将取得显著成效，能源资源配置更加合理、利用效率大幅提高，单位国内生产总值能源消耗和二氧化碳排放量分别降低13.5%、18.0%，主要污染物排放总量持续减少，森林覆盖率提高到24.1%，生态环境持续改善，生态安全屏障更加牢固，城乡人居环境明显改善。展望2035年，将广泛形成绿色生产生活方式，碳排放达峰后稳中有降，生态环境根本好转，美丽中国建设目标基本实现。

满足人民过上美好生活的新期待，必须提供丰富的精神食粮。随着全面小康社会的建成，在迈向共同富裕的征途上，人民对精神生活也有了更多期待。进入"十四五"时期，中国将建设更多兼具文化内涵和美学品位的公共文化设施，满足人民对公共文化空间的新期待。同时，面对人民对精神文化产品的质量、品格等提出的更高要求，以及人民对陶冶性情、拓展境界、升华精神需要的更高期待，中国通过全过程人民民主，将更有力地动员和组织广大文艺工作者自觉深入生活、扎根人民，创作出更多思想精深、艺术精湛、制作精良的优秀文艺作品。此外，人民对形式新颖、内容独特的文化活动的新期待，对健康文明、积极向上的美好生活方式的新期待，对参与美好文化创造的新期待，也将得到更好满足。

实现人民对更美好生活向往最核心的思想内涵，是实现人的全面发展。这不仅包括物质生活与精神生活的不断发展，还包括经济、政治、文化、社会、环境等方面的权利的不断丰富和拓展。2020年5月8日，十三届全国人大三次会议表决通过《中华人民共和国民法典》，自2021年1月1日起施行。《民法典》共7编、1260条，各编依次为总则、物权、合同、人格权、婚姻家庭、继承、侵权责任。《民法典》通篇贯穿以人民为中心的发展思想，着眼于满足人民对美好生活的需要，对公民的人身权、财产权、人格权等作出明确规定，体现了对人民权利的充分保障，被誉为"新时代人民权利的宣言书"。中国人民享有权利的内涵不断丰富、外延不断拓展，向着实现人的全面发展不断迈进。

中国的全过程人民民主也将在实现人民对更美好生活的向往中不断完善。根据2021年3月11日十三届全国人大四次会议《关于修改〈中华人民共和国全国人民代表大会组织法〉的决定》，全国人大及其常委会"坚持全过程民主"，"倾听人民的意见和建议"；全国人大代表"充分发挥在全过程民主中的作用"。无论是中国新兴快递行业数百万快递员的代表"快递小哥"柴闪闪，扎根社区三十年的山西民警杨蓉，还是其他众多来自各行各业的人大代表，充分发挥在全过程人民民主中的作用。他们不脱离各自的生产和工作，身在群众中间，察民情、应民意，为国家建言献策、为群众代言发声，致力于实现人民对更美好生活的向往。

2021年2月22日，浙江省桐庐县钟山乡乡贤代表、民宿业主代表、桐庐县乡两级人大代表以及党员和村民代表在钟山乡参加"新村夜话"讨论活动。

民主不是装饰品，是要用来解决人民需要解决的问题的。中国通过民主及时作出对人民更美好生活期盼的响应，从这一事实中可以得出这样的认知：中国共产党带领人民实现的全过程人民民主，符合中国国情、顺应人民意愿，充分保障人民平等参与、平等发展的权利。中国的民主，将更好造福人民，实现人民对更美好生活的向往。

（二）续写"两大奇迹"新篇章

新中国成立 70 多年以来，中国共产党领导人民创造了世所罕见、史所罕见的经济快速发展奇迹和社会长期稳定奇迹。这"两大奇迹"成为中国共产党执政成就和国家治理成效的重大标志，成为中国的人民民主和国家治理体系具有多方面显著优势的生动体现。

经济快速发展奇迹主要体现在：新中国成立 70 多年以来特别是改革开放和社会主义现代化建设新时期以来，尤其是党的十八大以来，中国用几十年时间走完了发达国家几百年走过的工业化进程，社会生产力得到极大解放和发展，经济实力和综合国力显著增强。中国经济总量已稳居世界第二，并成为世界第一制造业大国、第一大货物贸易国、第一大外汇储备国、第二大外国直接投资目的地国和来源国。改革开放 40 多年来，中国经济增长对世界经济增长的年均贡献率达 18% 左右，近几年来高达 30% 左右。

社会长期稳定奇迹主要体现在：新中国成立 70 多年以来特别是改革开放和社会主义现代化建设新时期以来，中国既经历了巨大的经济社会变迁，也经受了不少重大考验，如 1997 年亚洲金融危机、1998 年特大洪灾、2003 年"非典"重大疫情、2008 年四川汶川特大地震和国际金融危机、

2020年以来的新冠肺炎疫情等。在中国共产党的坚强领导下，中国各族人民共同努力奋斗，中国不但胜利渡过了这些难关，而且有力巩固了人民政权、持续保持了国家政治和社会大局稳定，并取得革命、建设、改革的一系列重大成就。

中国用几十年时间走过西方发达国家几百年走过的工业化历程，在剧烈的社会变革中，没有出现动荡，社会始终和谐稳定、生机勃勃。归根到底，是因为中国实现了人民当家作主，实现了人的发展与社会的进步协同一致。中国的民主尊重人民群众在实践活动中所表达的意愿、所创造的经验、所拥有的权利、所发挥的作用，充分激发蕴藏在人民群众中的创造伟力，有效推动了经济发展与社会进步。

在"十四五"乃至更长时期，以人民为中心的高质量发展，是对经济、社会发展方方面面的总要求。立足新发展阶段，贯彻新发展理念，不能简单以生产总值增长率论英雄，必须实现创新成为第一动力、协调成为内生特点、绿色成为普遍形态、开放成为必由之路、共享成为根本目的的高质量发展，推动经济发展质量变革、效率变革、动力变革。实践证明，新发展理念是引领中国经济"十三五"时期取得历史性成就的指南针。"十三五"期间，中国经济增长对世界经济增长的贡献率保持在30%左右，是世界经济发展动力最足的火车头，2016年至2019年，中国经济增速始终保持在6%以上。更值得注意的是中国经济结构的持续优化：2020年，高技术制造业增加值同比增长7.1%，高于全部规模以上工业增加值4.3个百分点；第三产业增加值占GDP比重达54.5%，对经济增长贡献率为48.4%，连续6年成为经济增长最大动能。

创新是高质量发展的第一动力。中国的民主，激发广大科技工作者的积极性、主动性、创造性，实现国民经济和产业发展领域的重大变革。移动通信、油气开发、核电等科技重大专项成果支撑新兴产业快速发展，5G、人工智能等新技术推动数字经济、平台经济、共享经济蓬勃兴起，科技有力激发经济和产业发展内生动力。新冠肺炎疫情暴发后，在科技抗疫一线，"心有大我"的科研工作者聚焦临床救治和药物、疫苗研发、检测技术和产品、病毒病原学和流行病学、动物模型构建等主攻方向，通过大数据分析、防护技术和医用设备研发等手段，为救治医院建设、应急预警、医废处理、农产品销售、复工复产等提供了有力支撑。在脱贫攻坚战场，"胸怀人民"的科研工作者志在"把论文写在祖国大地上"，他们深入偏远、贫困地区，找准一个个脱贫攻坚突破口和着力点，书写了科技支撑脱贫攻坚的新篇章。未来，中国的全过程人民民主将更有效激发蕴藏于人民群众中的创造伟力，推动形成更加尊重劳动、尊重知识、尊重人才、尊重创造的社会文化氛围，续写高质量发展新篇章。

协调是高质量发展的内生特点。"十三五"时期以来，中国区域协调发展水平已有明显提升。从东南沿海率先发展到西部大开发，从振兴东北到中部崛起，从长江经济带到粤港澳大湾区，从长三角一体化到京津冀协同发展、成渝双城经济圈，中国区域经济发展总体战略布局和整体体系不断完善。"十四五"时期，中国将铺开协调发展新画卷，推进以人民为中心的区域协调发展。在西部发展相对落后地区，加大基础设施投入，支持发展特色优势产业，巩固脱贫攻坚成果，补齐教育、医疗卫生等民生领域短板。在东北地区，加快转变政府职能，深化国有企业改革攻坚，优化营商环境，发展民营经济，推动东北振兴实现新突破。在中部地区，打造重要先进制造业基地，建设内陆地区开放高地，巩固生态绿色发展格局，推动中部地区加快崛起。在东部地区，则发挥其创新要素集聚优势，在创新引领上实现突破，率先实现高质量发展。革命老区、生态退化区、边境地区等特殊类型地区的高质量发展，都将在全区域战略统筹、区域合作互助、区际利益补偿等机制下，得到推进。

安全是发展的前提，发展是安全的保障，两者相辅相成。如今的中国，安定团结，社会和谐有序，人们自由地

改造前（上图）、后（下图）的江西省瑞金市叶坪乡华屋村

在城乡之间、城市之间穿梭；10亿多网民通过网络了解天下大事、进行交流、表达观点，广泛参加社会治理。在"十四五"乃至更长时期，以人民为中心的全过程人民民主，将进一步提升社会治理效能，坚持和发展新时代"枫桥经验"，构建源头防控、排查梳理、纠纷化解、应急处置的社会矛盾综合治理机制。同时，中国还将充分利用新科技手段，加强社会治安防控，编织全方位、立体化、智能化社会安全网。完善社会文明程度的提高，社会长期稳定得到新提高。随着社会主义核心价值观深入人心，市民公约、乡规民约、学生守则、团体章程等社会规范进一步完善，人民思想道德素质也将进一步提升。

随着信息技术发展，全过程人民民主将更加畅通和规范群众诉求表达、利益协调、权益保障通道，切实维护群众利益，保持社会和谐稳定。事实上，中国的政务热线系统，已经开始充分利用信息技术，前瞻性回应人民对美好生活的向往。为更有效提高"12345"热线问题解决效率，回应人民诉求，北京、上海、广东佛山等城市开始利用"12345"热线大数据进行城市治理算法构建的探索。北京"12345"热线依托大数据分析模型"算"出年度选题，通过问题知识智谱对"每月一题"事项进行精准画像。通过重点事项追踪机制，北京"12345"热线正从"接诉即办"向"未诉先办"治理模式的转型。上海市紧扣"一网通办"和"一网统管"建设目标，基于大数据和自然语言处理技术，感知热点问题，主动预测预警风险，提升对群众利益的敏感性和治理敏捷性，全力实现百姓诉求"一线通达"。未来，随着数字技术在公共卫生、自然灾害、事故灾难、社会安全等突发公共事件应对中的运用的强化，中国各级政府预警和应急处置能力将得到全面提升。

"十三五"时期，数字政府服务效能显著提升。数字政府建设成为推进国家治理体系和治理能力现代化的有效手段，"掌上办""指尖办"成为政务服务标配，"一网通办""异地可办""跨省通办"渐成趋势，企业和群众获得感、满意度不断提升。根据《2020联合国电子政务调查报告》，中国电子政务发展指数国际排名从2018年的第65位上升到

2020年的第45位。"十四五"时期，中国将更加适应数字技术全面融入社会交往和日常生活新趋势，促进公共服务和社会运行方式创新，构筑全民畅享的数字生活。中国将鼓励社会力量参与"互联网＋公共服务"，创新提供服务模式和产品。以数字化助推城乡发展和治理模式创新，运行效率和宜居度得到全面提高。城市信息模型平台和运行管理服务平台将更完善。与此同时，随着数字乡村建设的加快推进，面向农业、农村的综合信息服务体系将得到构建，乡村管理服务数字化水平也将得以提升。总之，未来中国人民表达利益需求的渠道更加畅通，国家治理水平和效能将大幅提升，社会和谐安定团结将进一步巩固。

中国的民主保障下的高质量发展，既为了人民，也依靠人民。在实现社会活力与良好秩序的有机统一中，全过程人民民主将切实保障高质量发展，续写"两大奇迹"新篇章。

（三）建设现代化强国

中国共产党领导的全过程人民民主是坚持民主集中制的有活力、有效率的民主，在充分发扬民主基础上集思广益、统一意志，形成科学决策并付诸行动。这是一种把"多种声音"合奏为"一首乐曲"的艺术，能够有效防止和克服议而不决、决而不行的分散主义，科学合理而有效率。民主集中制，是中国共产党的组织原则，也是中国宪法规定的各级国家机构所遵循的原则，还是一种决策原则。民主集中制体现在治国理政的方方面面。在中国这样一个情况极为复杂的国家，如果没有民主基础上的集思广益、没有决策权威、没有付诸行动的执行力，很难想象能够在70多年里创造"两个奇迹"。

中国的人民民主，把党的主张、国家意志、人民意愿紧密融合在一起，使得党、国家和人民成为目标相同、利益一致、相互交融、同心同向的整体，产生极大耦合力。中国的人民民主，形成集中力量办大事的制度优势，有效促进了社会生产力解放和发展，促进了现代化建设各项事业的飞速发展。集中力量办大事的治理优势，使中国克服了经济社会发展过程中的"撒胡椒面"现象，有利于资源效用最大化。中国集中力量办的大事，是体现人民整体意志、符合人民根本要求、代表人民长远利益的大事。新中国成立后，在经济极端困难、技术基础薄弱、遭遇封锁等严峻条件下，中国共产党带领人民发挥人民民主的制度优势，集中力量攻坚克难，研制"两弹一星"、勘探和开发大庆油田等，用几十年时间建立起独立的、比较完整的工业体系和国民经济体系，为中国此后成为世界制造业第一大国打下了坚实基础。

改革开放以来，中国的人民民主激发人民的积极性、主动性、创造性，将民主的制度优势转化为治理效能，相继建成三峡水利枢纽、青藏铁路、载人航天、高速公路网、高速铁路网、西气东输、南水北调、特高压电网等许多重大工程。其中，南水北调工程，经过50年的充分论证，50多个方案的科学比选，24个国家科研设计单位、沿线44个地方跨学科、跨部门、跨地区联合研究，近百次国家层面会议，院士110多人次献计献策，专家6000多人次参加论证后，从构想到实现的路径一步步清晰。建设过程中，中国科技工作者攻坚克难、科学创新，数十万建设者矢志奋斗、顽强拼搏；43.5万移民群众顾全大局，无私奉献；各地区各部门和衷共济、团结协作，形成了实施重大跨流域调水工程的强大合力，最终确保了南水北调主体工程按时完成建设任务、质量总体优良。2021年12月，中国南水北调工程全面通水7年，累计从南向北调水近500亿立方米，受益人口达1.4亿人，40多座大中型城市的经济发展格局因调水得到优化，同时推动复苏受水区河湖生态环境，发挥了巨大的经济、社会和生态效益。"十四五"时期，南水北调东中线工程后续建设、南水北调西线工程方案比选论证，将在人民民主的保障下集思广益，进一步优化、深化。作为国家水网骨干工程的南水北调，将产生更多有益于民生福祉和国家发展的效益。

进入新时代以来，凭借集中力量办大事的人民民主制度优势，中国在国产大飞机、港珠澳大桥、"蓝鲸1号"钻井平台、北斗系统、超级计算机、"天眼"探空等一大批重大创新工程上取得突破，标志着中国在若干重要领域已经处于世界科技创新的先进水平。其中，世界最长的跨海大桥——港珠澳大桥历经6年筹备、9年施工，数万名建设者

港珠澳大桥

披荆斩棘，创造了世界桥梁史上的奇迹。作为举世瞩目的超级工程，港珠澳大桥不仅代表着中国桥梁的先进水平，也是展示各国创新能力的超级舞台，包括来自丹麦、美国、荷兰、英国、日本、德国、瑞士、土耳其等多个国家的桥梁专家都参与其中，贡献了智慧。横跨伶仃洋海域的港珠澳大桥，是"一国两制"框架下粤、港、澳三地首次合作建设的世界级超大型跨海交通工程。2018年10月建成通车后，粤、港、澳三地人流、车流和物流更加紧密地联系在一起，大湾区内的要素流动更为便利。"十四五"时期，粤港澳大湾区建设将得到进一步稳妥推进：粤港澳产学研协

同发展，综合性国家科学中心建设得到推进，创新要素跨境流动更为便利；随着城际铁路建设的增加，港口和机场功能布局的完善，航运和航空资源配置进一步优化；港澳青年到大湾区内地城市就学就业创业也将更加便利。

全过程人民民主，充分彰显人民的主体地位，极大增强了人民的主人翁意识。人民既是民主的参与者，也是民主的受益者。"十三五"时期创新型国家建设成果丰硕，在载人航天、探月工程、深海工程、超级计算、量子信息、"复兴号"高速列车、大飞机制造等领域取得一批重大科技成果。2016年以来，中国航天进入创新发展"快车道"，空间基础设施建设稳步推进，北斗全球卫星导航系统建成开通，高分辨率对地观测系统基本建成，卫星通信广播服务能力稳步增强，探月工程"三步走"圆满收官，中国空间站建设全面开启，"天问一号"实现从地月系到行星际探测的跨越，取得了举世瞩目的辉煌成就。这与中国航天工作者发挥主人翁意识，发挥特别能吃苦、特别能战斗、特别能攻关、特别能奉献的"载人航天精神"密切相关。中国航天工作者把个人理想与祖国命运、个人选择与党的需要、个人利益与人民利益紧密联系在一起，团结创新，攻坚克难，为国家迈入航天强国之列，作出了卓越贡献。

数字时代已然到来，中国提出了建设数字强国的目标。"十三五"时期，以人民为中心的数字中国建设成绩斐然。

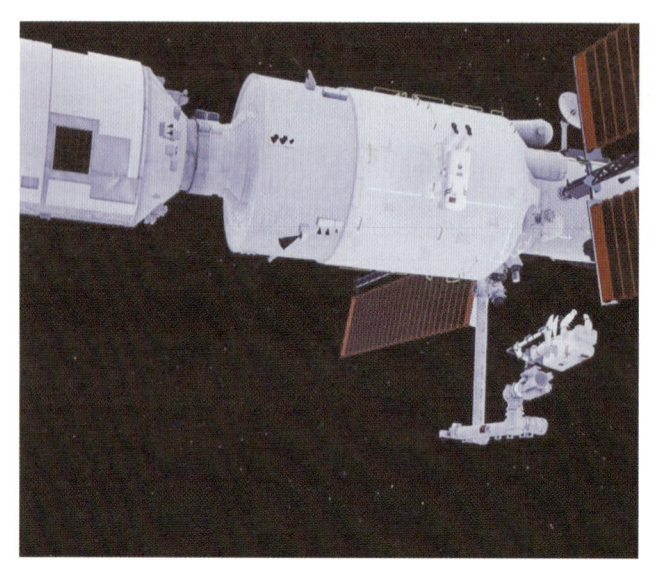

航天员在舱外工作场面

信息基础设施建设规模全球领先。中国建成全球规模最大的光纤网络和 4G 网络,固定宽带家庭普及率由 2015 年底的 52.6% 提升到 2020 年底的 96.0%,移动宽带用户普及率由 2015 年底的 57.4% 提升到 2020 年底的 108.0%,全国行政村、贫困村通光纤和通 4G 比例均超过 98.0%。5G 网络建设速度和规模位居全球第一,已建成 5G 基站达到 71.8 万个,5G 终端连接数超过 2 亿。中国信息技术创新能力持续提升。创新驱动发展战略深入实施,世界知识产权组织发布的全球创新指数排名显示,中国排名从 2015 年的第 29 位跃升至 2020 年的第 14 位。在世界超算 500 强排名中,中国持续保持优势,超级计算机台数占比达 45%。国产中央处理器（CPU）和存储器与国外先进水平差距缩小。在未来一段时期，中国将加快数字化发展，加快建设数字中国。在这一进程中，以数字化转型整体驱动经济社会生产方式、生活方式和治理方式变革，最终实现数字强国目标。

习近平总书记指出，当代中国的伟大社会变革，不是简单延续中国历史文化的母版，不是简单套用马克思主义经典作家设想的模板，不是其他国家社会主义实践的再版，也不是国外现代化发展的翻版。中国的民主，是中国共产党和中国人民的伟大创造，它激发全社会创造力和发展活力，凝聚民意，凝聚民智，凝聚民力，凝聚民心，在平衡、协调、包容的高质量发展中，实现共同富裕和社会的全面进步。

中国的民主发展取得了显著成就。与现代化建设的新要求、与人民对民主的新期待相比，中国的民主还需要不断发展完善。在全面建设社会主义现代化国家新征程上，中国共产党将继续高举人民民主旗帜，始终坚持以人民为中心的发展思想，坚定不移推进全过程人民民主。在中国，不断发展的全过程人民民主，将持续推动人的全面发展、扎实推动全体人民共同富裕，朝着实现全面建成社会主义现代化强国的奋斗目标迈进。

六　全过程人民民主丰富人类政治文明

民主是人类社会历经千百年探索形成的政治文明形态，是人类文明传播的重要条件，在人类发展进程中发挥了重要作用，没有民主，人类文明可能就会停滞不前，甚至被黑暗和愚昧所淹没。民主一直是世界人民孜孜以求的基本目标，也是马克思主义政党始终不渝的奋斗目标；不仅是现代政治的重要特征，还是中国共产党发展壮大和执政的旗帜。全过程人民民主是中国共产党根据本国国情和历史文化探索出的民主形式，是应然和实然的有机统一，既体现了鲜明的中国特色，也体现了全人类对民主的共同追求；既推动了中国的发展与中华民族的伟大复兴，也丰富了人类政治文明形态，体现了人类政治文明发展的方向。

（一）全过程人民民主是人类政治文明新形态

民主是千百年来人类的共同追求。人类追求民主的历史可以追溯到西方民主的发源地古希腊。古希腊的民主制度预设所有的男性公民（不包括女性和占人口大多数的奴隶）都能行使同样的政治权利，并通过公民大会来决定国家重要事宜。这种民主形式被称为实现"人民统治"的"古典民主"。

13世纪初，近代代议制民主诞生于英国国内的政治斗争。在外部压力导致的内部矛盾冲突中，《大宪章》以法律形式建立起王权与贵族权力之间的制约关系，初步形成共同的议事机构，这是英国近代民主政治的最早起点。

18世纪后期，发生在北美大陆的1776年美国独立战争和欧洲大陆1789年的法国大革命，成为近现代世界民主政治制度建构的源头。美国式民主诞生于反抗外来压迫的民族革命和解放战争，由于缺乏历史传统和既有政治结构的约束，最终建立起兼容公民权利和国家权力的选举式民主制度。法国的民主政治起源于下层阶级反抗封建统治阶级、要求实现自由和平等权利的革命斗争，因此自由和民主一直是法国式民主的民族底色。

中国的民主政治诞生于外来殖民主义侵略导致的民族生存危机之中。这一时期，中国民主政治的主要诉求是救亡图存、民族自强。但是，从西方直接照搬和移植过来的模式，包括模仿议会制、多党制、总统制等西方政治制度模式的各种尝试，都以失败而告终。这是因为起决定作用的旧的封建社会结构没有得到彻底改造，流于表面的政治制度建设就无法得到成功。新中国成立以来，执政的中国共产党根据现实国情和历史传承、文化传统，团结带领中国人民建立和完善国家政治制度，选择适合自己的民主形式，在社会主义道路上不断提升全过程人民民主的理论能力和实践水平，创造了人类政治文明的新形态。

历史文化、现实国情不同，每个国家追求民主政治的道路就不同。当今世界上有200多个国家和地区、2500多个民族、70多亿人口，各个国家的历史文化和基本国情千差万别，这就决定了民主的实现形式不可能千篇一律。每个国家自主探索符合本国国情的民主道路的努力都应该受到尊重。适合自己的才是最好的，既不能照抄照搬、削足适履，也不能固化模式、裹足不前。如果不顾个体的历史文化和国情差异，一味地输出和推行单一的民主形式，把自身制度强加于人，就会导致水土不服，带来灾难和祸端，将世界推向危险的深渊。

但是，尊重个体差异并不意味着排斥有利于发展进步的其他国家的民主经验。其他国家的政治文明和治理经验有其制度性质、阶级属性和历史文化的特殊性，但也有一定的规律性和共性。对于其他制度文明的优秀成果，中国尊重其多样性和丰富性，并学习借鉴各民族创造的优秀制度文明成果。习近平总书记指出："中华民族是一个兼容并蓄、海纳百川的民族，在漫长历史进程中，不断学习他人的好东西，把他人的好东西化成我们自己的东西，这才形成我们的民族特色。"在中国特色社会主义新时代推进全过程人民民主和中国式现代化，不可能脱离与世界文明的交流互鉴，不可能在自我封闭中独善其身。正是各种社会制度密切联系、相互影响，在融合交流中比较竞争，才共同构成了人类政治文明的百花园。

（二）全过程人民民主为人类政治文明作出创造性贡献

全过程人民民主是一种新型的、为绝大多数人享有的民主，这与历史上任何剥削阶级占统治地位的、少数人的民主有着本质的区别。占世界人口近五分之一的14亿多中国人民真正实现民主，提振了发展中国家结合本国实际探索民主道路的信心，为人类民主事业发展探索出新路径，为人类民主事业发展提供了新方案。这是中国对人类政治文明的创造性贡献，也是人类社会的巨大进步。

第一，为人类民主发展探索出新路径。

在任何国家，民主的实现都是有条件的。各国需根据自身特点选择符合自身发展的民主形态，学习借鉴而不是照抄照搬。习近平总书记指出，中国幅员辽阔、人口众多，要想发展振兴，最重要的就是立足国情、走自己的路。这是中国共产党百年奋斗得出的历史结论。在探索民主道路的过程中，中国付出巨大努力和代价，才认识到必须坚定不移地走符合本国国情的民主发展之路。

在新民主主义革命时期，中国共产党领导全国人民为创建适合中国国情的民主制度，实现人民当家作主，进行了大量的探索和创新。新中国成立后，以毛泽东同志为主要代表的中国共产党人，从中国的实际出发，吸取近代中国模仿西方政体屡遭失败的经验教训，指出中国的政治制度决不能照抄照搬别人的东西，中国的民主政治建设，只能从自己的实际出发，走自己的路。以邓小平同志为主要代表的中国共产党人，坚持和发展了毛泽东思想，正确回答了改革开放和社会主义现代化建设中的一系列问题，形成了有中国特色社会主义民主理论，邓小平明确强调，不能搬用西方那一套所谓的民主，不能搬用他们的三权鼎立。以江泽民同志为主要代表的中国共产党人，高举邓小平理论的伟大旗帜，在建设有中国特色社会主义的实践中，继承、丰富和进一步发展了毛泽东和邓小平的民主理论。江泽民指出："我国有十二亿多人口，搞西方的那一套三权鼎立、多党竞选，肯定会天下大乱。"胡锦涛也指出："我们要借鉴人类政治文明有益成果，但绝不照搬别国政治制度和政党制度模式，绝不搞西方式的多党制和议会制。"习近平总书记强调："照抄照搬他国的政治制度行不通，会水土不服，会画虎不成反类犬，甚至会把国家前途命运葬送掉。"

中国共产党从国内外政治发展得失中深刻认识到，中国的政治文明和政治制度必须深深扎根于中国社会土壤，照抄照搬他国政治制度行不通，甚至会把国家前途命运葬送掉。立足人口多、基础弱、底子薄的基本国情，中国始终正确把握民主与发展的关系，在国家整体发展的基础上逐步推进民主，以民主促进国家发展，而不是脱离实际地把民主作为国家发展的唯一目标、最高诉求。

经过长期努力，中国社会主义民主政治建设不断取得新的进展，政治体制改革在保持政局总体稳定的条件下逐步深入，所有这一切，都证明了以人民当家作主为核心的全过程人民民主理论和政治制度是符合中国国情的，是行之有效的。全过程人民民主是中国民主的新路，正如中国式现代化是现代化的新路，它们犹如鸟之两翼、车之两轮，推动中国在新时代新征程上不懈前行。

第二，为人类民主发展提供新方案。

中国的全过程人民民主既注重吸收借鉴人类政治文明一切有益成果，又坚持按照中国的历史文化和基本国情来设计和发展，在百年实践中总结出民主发展的新经验，为人类民主发展提供新方案。

一是必须坚持和加强中国共产党的全面领导。中国共产党的领导制度是具有统领地位的根本领导制度。在中国共产党十九届四中全会所描绘的制度图谱中，首要的是坚持党中央集中统一领导；在"十三个坚持和完善"的制度安排中，首位的是坚持和完善党的领导制度体系；在《中共中央关于坚持和完善中国特色社会主义制度、推进国家治理体系和治理能力现代化若干重大问题的决定》的各个结论和各项要求中，根本都是要加强党对坚持和完善中国特色社会主义制度、推进国家治理体系和治理能力现代化的领导。坚持和加强中国共产党的领导是始终贯穿中国民主工作的一条红线和主线，是中国特色社会主义最本质的特征，是中国特色社会主义制度的最大优势。

全过程人民民主的完善和发展，必须坚决维护以习近平同志为核心的党中央权威和集中统一领导，健全总揽全局、协调各方的党的领导制度体系，把党的领导落实到全过程人民民主的各方面各环节。要坚持方向不偏、道路不改，既要把握长期形成的历史传承和文化传统，从中华文化中汲取丰厚养分，又要把握党和人民在国家制度建设和国家治理方面走过的道路、积累的经验、形成的原则，不照抄照搬别国制度模式；既不能走封闭僵化的老路，也不能走改旗易帜的邪路。

二是坚持人民当家作主的初心。人民当家作主是中国民主的本质和核心，也是中国民主的初心。在社会主义条件下实现人民当家作主，是政治文明形态发展到社会主义阶段的根本标志，也是政治文明在人类发展史上一次质的飞跃。

中国共产党成立百余年来，始终坚持为中华民族谋复兴、为中国人民谋幸福的初心和使命，代表最广大人民的根本利益，保证人民当家作主。中国共产党团结带领全国人民经过长期奋斗，建立社会主义国家和人民政权，初心和目的就是要实现人民当家作主。在长期民主实践探索的进程中，中国走过弯路，遇到过挫折，但始终坚守初心，不动摇、不偏移、不走样，把人民当家作主作为根本的出发点和归宿，立足于一切为了人民、一切依靠人民、一切工作从根本上说都要致力于为人民谋利益。可以说，实现人民当家作主是中国共产党矢志不渝的奋斗目标，是坚持党的本质属性和践行党的根本宗旨的必然要求。

古人说："与天下同利者，天下持之；擅天下之力者，天下谋之。"在中国，民主的评价标准由绝大多数人来

2021年6月28日，《人民日报》发表《江山就是人民　人民就是江山——习近平总书记关于以人民为中心重要论述综述》。

判断和确立，以广大人民群众一致的意见为标准。事关人民切身利益的政策，事先需征得人民的同意，要有人民的参与。中国共产党在任何时候都没有自己特殊的利益，在任何时候都把群众利益放在第一位。在新冠肺炎重大疫情面前，人民生命安全和身体健康被放在第一位，在全国范围调集最优秀的医生、最先进的设备、最急需的资源，全力以赴投入疾病救治，救治费用全部由国家承担，这正是把人民当作国家主人的最好体现。

哪个国家的民主好、哪个国家的民主不好，各国人民有直接的感受，最有发言权，而不应该由外部少数人指手画脚来评判。有一些西方国家民主呈现"空心化"乱象，连本国人民都越来越不满，却肆意把自己的所谓民主模式强加给别国，造成"水土不服"，给相关国家人民造成深重灾难和痛苦，这实际上背离了民主的本意。

三是坚持发挥制度优势。习近平总书记说："保证和支持人民当家作主不是一句口号、不是一句空话，必须落实到国家政治生活和社会生活之中，保证人民依法有效行使管理国家事务、管理经济和文化事业、管理社会事务的权力。"落实人民当家作主的理念，需要完整的制度体系和具体的民主程序加以保障。社会主义民主诞生时中国的经济、文化还比较落后，如何创造人民当家作主的实现条件，探索人民当家作主的实现形式，并在实践检验的基础上将其制度化、法律化，这需要经历一个相当长的历史过程。

一百多年来，中国共产党领导人民结合具体国情对民主制度建设进行了艰辛曲折的探索，民主的实践内容不断丰富和加强，民主制度体系更加健全、民主渠道更加多样、民主形式更加丰富，为加强党的全面领导、保障人民当家作主奠定了坚实的制度基础。从"三三制"政权，到人民代表大会制度、中国共产党领导的多党合作和政治协商制度、民族区域自治制度，再到以村民自治为重要内容的基层群众自治制度，中国特色社会主义民主政治制度体系逐渐形成。进入中国特色社会主义新时代，以加强党的领导为切入点，以党的领导、人民当家作主和依法治国有机统一为基础，不断推进人民民主制度化、规范化和程序化，社会主义民主制度体系更加严密完善，更加成熟定型。

2019年10月，中国共产党十九届四中全会专门研究坚持和完善中国特色社会主义制度、推进国家治理体系和治理能力现代化并作出决定。党的领导制度体系、人民当家作主制度体系、中国特色社会主义法治体系、中国特色社会主义行政体制、社会主义基本经济制度……覆盖13个方面的制度，构筑起中国特色社会主义的制度图谱，奠定了全过程人民民主的制度基石。今后，中国将按社会主义民主政治发展的客观规律，继续探索和创造实现人民当家作主的新机制、新方式，有领导、有步骤、有秩序地发展全过程人民民主。

四是实践是检验真理的唯一标准。一个国家民主与否，终究还是要看实践。习近平总书记提出，一个国家民主不民主，关键在于是不是真正做到了人民当家作主，要看人民有没有投票权，更要看人民有没有广泛参与权；要看人民在选举过程中得到了什么口头许诺，更要看选举后这些承诺实现了多少；要看制度和法律规定了什么样的政治程序和政治规则，更要看这些制度和法律是不是真正得到了执行；要看权力运行规则和程序是否民主，更要看权力是否真正受到人民监督和制约。这四个"要看""更要看"，充分彰显了中国共产党人的政治定力和政治智慧。

一个国家政治制度民主与否、民主有效与否，也是以实践为重要依据。如前所述，2014年9月5日，习近平总书记在庆祝全国人民代表大会成立60周年大会上的重要讲话中，以敏锐的政治眼光和深刻的理论思考，提出八个"能否"的衡量标准。

行胜于言。实践充分证明，全过程人民民主在中国行得通、很管用。

（三）全过程人民民主体现了全人类共同价值

习近平总书记在庆祝中国共产党成立100周年大会上

的重要讲话中指出，中国共产党将继续同一切爱好和平的国家和人民一道，弘扬和平、发展、公平、正义、民主、自由的全人类共同价值。

全人类共同价值从历史唯物主义出发，是在承认每一个人、每一个民族、每一个国家的个性、特殊性、差异性基础上，还承认存在共性、普遍性和相似性。全人类共同价值不是把某一个或某几个民族、国家和人民的价值普遍化，强加给别的民族、国家和人民，它是所有民族、国家和人民的异中之同，是大家求同存异的结果。每一种文明都是独特的，但多姿多彩的不同文明间又有一些共性、有一些共同的价值认同和价值追求，全人类共同价值就是不同文明的价值认同和价值追求的最大同心圆和最大公约数。

民主没有最好，只有更好。世界上的民主，都是具体的、相对的，而不是抽象的、绝对的。每一种民主的本质、内容和形式，都是由本国的社会制度决定的，随着本国经济社会的发展而发展；每一种民主都根植于本国历史文化传统，成长于本国人民的实践探索和智慧创造，道路不尽相同，形态各有差异，呈现出多姿多彩、丰富多样的面貌。因此，民主的实现形式不拘泥于刻板的模式，更没有一种放之四海而皆准的评判标准。将某些地域性、历史性的经验绝对化、一元化、"普世"化的思维和做法，是对民主实现方式多样性的无视和无知。

全过程人民民主，既有鲜明的中国特色，也体现了全人类共同价值；既超越了西式文明发展模式和逻辑框架，又探索出适合中国国情的民主政治新形态，开辟了人类历史上社会主义民主发展的崭新道路，为人类民主事业的发展贡献了中国理念、中国价值、中国方案。

当前，中国形成了科学有效的民主制度安排、具有具体现实的全过程人民民主实践，取得了显著成就，但这并不意味着中国的民主已经完美无缺。"人类对民主的探索和实践永无止境。"在全面建设社会主义现代化国家新征程中，中国将深刻总结民主发展实践经验，积极回应时代的新要求、人民的新期待，更加坚定不移地推进全过程人民民主，实现全过程人民民主的新发展。

"大道之行也，天下为公。"全过程人民民主，作为社会主义核心价值观的重要内容之一，是中国共产党人倡导、弘扬和践行的全人类共同价值的重要内容之一。站在全人类价值共识的制高点上，知行合一，美美与共，推动构建人类命运共同体，推进人类政治文明新发展，创造人类文明新形态，中国共产党人必将在新时代作出新的更大贡献。

后　记

在世界政治发展史上，一个国家有一个国家的政治制度，不可能千篇一律、归于一尊。我们需要借鉴国外政治文明有益成果，但绝不能放弃中国政治制度的根本。过去和现在，中国特色社会主义政治制度一直生长在中国的社会土壤之中。面向未来，要继续茁壮成长，它也必须深深扎根于中国的社会土壤。评价一个国家政治制度是不是真正民主的、切实有效的，主要看它是否能够维护并实现人民当家作主。民主不是少数国家的专利，而是各国人民的权利，是全人类共同的价值追求。人民民主是社会主义的生命，人民当家作主是社会主义民主政治的本质和核心。

党的十八大以来，以习近平同志为核心的党中央领导人民坚持中国特色社会主义政治发展道路，坚持党的领导、人民当家作主、依法治国有机统一，积极发展全过程人民民主，健全全面、广泛、有机衔接的人民当家作主制度体系，构建多样、畅通、有序的民主渠道，丰富民主内容和形式，从各层次、各领域扩大人民有序政治参与，使各方面制度和国家治理更好体现人民意志、保障人民权益、激发人民创造，社会主义民主政治焕发出勃勃生机。

2019年11月2日，习近平总书记在上海长宁区虹桥街道古北市民中心考察时，看到了一场别开生面的法律草案意见建议征询会。"我们走的是一条中国特色社会主义政治发展道路，人民民主是一种全过程的民主"，习近平总书记一语道出了中国社会主义民主的真谛。全过程人民民主，开辟了中国社会主义民主发展的新境界，成为推进实现国家治理体系和治理能力现代化的重要内容，成为全面建设社会主义现代化国家的时代命题。全过程人民民主构建起覆盖14亿多中国人民、56个民族的民主体系，保证了人民民主的理念、方针、政策贯彻到国家政治生活和社会生活的方方面面，实现了最广大人民的最广泛持续参与，创造了"世界之变"中与"西方之乱"形成鲜明对照的"中国之治"，为人类政治文明进步提供了中国智慧。

《中国的全过程人民民主》一书的设计框架和写作思路是经过集体讨论确定的。各部分的主要执笔人如下：绪论，林建华（中国社会科学院马克思主义研究院副院长、教授、博士生导师）；第一章，龚云（中国社会科学院马克思主义研究院副院长、研究员、博士生导师）；第二章，宋月红（中国社会科学院当代中国研究所副所长、研究员、博士生导师）；第三章，陈承新（中国社会科学院政治学研究所当代中国政治研究室副主任、副研究员）；第四章，陈学强（中国社会科学院人事教育局办公室副主任）；第五章，李凯旋（中国社会科学院马克思主义研究院国际共产主义运动研究部副研究员）；第六章，王晶（中国社会科学院马克思主义研究院马克思主义中国化研究部副研究员）。全书由姜辉（原中国社会科学院副院长、当代中国研究所所长，现任重庆市委常委、宣传部部长，研究员、博士生导师）和林建华统稿。

感谢中国社会科学出版社"理解中国道路"丛书的选题策划。赵剑英社长、王茵副总编辑对本书的写作给予了指导和支持，编辑孙萍、王琪为本书付出了可贵的心智和辛劳、使本书更臻完善，中国社会科学院政治学研究所政治理论研究室主任、研究员、博士生导师周少来参加了本书写作提纲的讨论，在此一并表示衷心感谢！

林建华
2022 年 8 月